AF607122

Cuadernos del Acantilado, 129

SOBRE EL TEATRO
DE MARIONETAS

HEINRICH VON KLEIST

SOBRE EL TEATRO DE MARIONETAS

Y OTROS TEXTOS ACERCA DE LA REPRESENTACIÓN

SEGUIDO DE «EN TORNO A UN HILO»
DE VICTOR MOLINA

NOTA PRELIMINAR
Y TRADUCCIÓN DEL ALEMÁN
DE ADAN KOVACSICS

BARCELONA 2025  ACANTILADO

TÍTULO ORIGINAL *Über das Marionettentheater*

Publicado por
ACANTILADO
Quaderns Crema, S.A.

Muntaner, 462 - 08006 Barcelona
Tel. 934 144 906
correo@acantilado.es
www.acantilado.es

En la cubierta, *Marionetas* (*c.* 1930), de Violet Keene Perinchief

ISBN: 978-84-19958-64-8
DEPÓSITO LEGAL: B. 10 716-2025

AIGUADEVIDRE *Gráfica*
QUADERNS CREMA *Composición*
ROMANYÀ-VALLS *Impresión y encuadernación*

PRIMERA EDICIÓN *junio de 2025*

CONTENIDO

NOTA PRELIMINAR
de ADAN KOVACSICS

En cuatro números seguidos del periódico *Berliner Abendblätter*, entre los días 12 y 15 de diciembre de 1810, apareció un curioso texto de Kleist, difícil de asignar a un género, titulado «Sobre el teatro de marionetas». Tres días antes se había publicado, en ese mismo diario, otro breve escrito suyo: «Sobre la reflexión». Las *Berliner Abendblätter* ('Hojas vespertinas berlinesas') eran un proyecto del propio Kleist, creado por él en una situación de penuria económica, después de numerosos intentos infructuosos de asentarse y de hacer realidad sus sueños: dirigir, por ejemplo, un teatro en Viena; fundar una editorial; ver representadas sus obras en los escenarios; conseguir un empleo en la administración. A comienzos de 1810 se instaló en la capital prusiana, sobre todo con la esperanza de afianzarse como escritor. En ese contexto se inscribe la fundación del citado periódico. Se publicaron en él todo tipo de textos y de opiniones y se contó con colaboradores de fuste, como

Clemens Brentano, Wilhelm Grimm, Friedrich Schleiermacher, Friedrich de la Motte Fouqué, y sobre todo Adam Müller y Achim von Arnim. El propio Kleist contribuyó con extraordinarios relatos como «La mendiga de Locarno» o «Santa Cecilia o el poder de la música», con maravillosas anécdotas, y con reflexiones sobre el arte, la literatura y el teatro.

El primer número de las *Berliner Abendblätter* se publicó el 1.º de octubre de 1810 y el último, seis meses después, el 30 de marzo del año siguiente. El periódico salía todos los días, salvo los domingos, a ocho peniques el ejemplar en formato de octavo. Contaba con bastantes abonados, como, por ejemplo, los hermanos Grimm. No le era ajeno cierto sensacionalismo, pues su venta se veía propiciada por las informaciones policiales que ofrecía y que le estaban autorizadas, ya que el permiso era para un periódico de entretenimiento y para dar noticias de sucesos, aunque Kleist abrigaba también—y en ello residía la dificultad—ciertos objetivos políticos: reforzar el sentimiento patriótico ante la ocupación napoleónica y servir de plataforma para debates libres y críticos en los que pudieran manifestarse ideas diversas y divergentes. También respecto a los planes de reforma del gobierno prusiano dirigido por el canciller Karl August von Hardenberg, que consistían en la modernización del Estado, libertad de industria, abolición de la servidumbre, igualdad de derechos de los judíos, etcétera, reformas que se habían hecho necesarias tras las derrotas en las batallas de Jena y de Auerstedt y tras el Tratado de Tilsit, por el que Prusia cedía importantes posesiones territoriales. En el diario se vertieron tanto opiniones contrarias como favorables a estas transformaciones. El proyecto de Kleist, sin embargo, no tardó en hacer aguas, pues algunas críticas contra las reformas del canciller propiciaron que al periódico pronto se le retirara la autorización para publicar noticias policiales.

De todos modos, no fue sólo por la cuestión política que el diario se vio en dificultades, sino también por la teatral. Uno de los blancos continuos de los ataques del periódico era la figura de August Wilhelm Iffland, el director del Real Teatro Nacional, quien, por cierto, había rechazado en agosto del mismo año la inclusión del drama de Kleist *Käthchen von Heilbronn* en su programación y a quien, por tanto, Kleist se la tenía jurada. Las críticas a Iffland y a su teatro fueron continuas en las *Berliner Abendblätter*, dirigidas tanto contra una programación mediocre y vulgar, movida sobre todo por un afán económico, como contra las actuaciones del propio Iffland, que era tenido por uno de los grandes actores del país. El Real Teatro Nacional programaba cada vez más farsas, comedias, operetas y piezas burguesas sentimentales y cada vez menos óperas y dramas de los grandes autores de la época, como Goethe o Schiller. Por otra parte, Kleist consideraba a Iffland un actor pretencioso, limitado, amanerado, incapaz de transmitir pasión. En dos meses aparecieron en las *Berliner Abendblätter* treinta artículos relacionados con el Real Teatro Nacional, escritos en buena parte por el propio Kleist, pero también por otros colaboradores.

Iffland no era desde luego un personaje secundario y su teatro recibía financiación y protección de las más altas esferas del Estado prusiano. Ya el 4 de octubre Kleist criticó una actuación suya como protagonista en una pieza titulada *El tono del día*, le reprochó sutilmente su uso casi exclusivo de las manos para expresar una emoción. El diario reprobaba asimismo la política de repartos del teatro, la desaparición en éstos, por ejemplo, de la célebre soprano Auguste Schmalz (en uno de los números de las *Berliner Abendblätter* leemos lo siguiente: «Ruiseñor, dime, ¿dónde tú te escondes | cuando rugen los vientos otoñales? | Yo hiberno en la garganta de la Schmalz»). Kleist la propuso para el papel protagonista en la ópera lírica de Joseph Weigl *La familia suiza*. Pero Iffland dio el papel a otra soprano, una tal Emilie Herbst, lo cual le fue reprochado de antemano en el periódico. En el estreno el 21 de noviembre de 1810 se produjeron tumultos, el público reaccionó con abucheos y pataleos a la actuación de Emilie Herbst, hasta tal punto que intervino la policía y se produjeron detenciones. En la segunda representación, cinco días después, las fuerzas del orden hicieron acto de presencia de entrada, la aparición de la cantante fue otra vez recibida con abucheos y pataleos y la función se suspendió. Esa misma noche, Iffland envió una carta al canciller Hardenberg quejándose de la «inacción del gobierno», de que éste permitiera que la situación llegara a ese punto, y amenazando con dimitir. El gobierno reaccionó, la policía se decidió a actuar contra los «alborotadores» y sus supuestos «instigadores», entre los cuales incluyó las *Berliner Abendblätter* y al propio Kleist, a raíz de lo cual se le prohibió a su diario publicar artículos sobre el Real Teatro Nacional, de tal manera que la censura estrechó todavía más el campo de acción de la publicación.

El 23 de noviembre, entre la primera y la segunda función de *La familia suiza*, Kleist publicó el «Escrito de un honesto berlinés sobre nuestro teatro, dirigido a un amigo en el extranjero», en el que irónicamente se refería a la actitud servil de la crítica en la prensa oficial, algo que era válido tanto en el ámbito teatral como en el político.

En esa época, Kleist estaba escribiendo su drama *El príncipe Friedrich von Homburg*, en el que desempeña un papel central la desobediencia de un militar a la orden de un superior. Había en Kleist no sólo una voluntad de supervivencia económica, sino otras aspiraciones; entre ellas, la creación de una prensa liberal, abierta, independiente, algo bastante difícil en el contexto de esa «revolución de arriba» que impulsaba Hardenberg y que precisaba del control de la opinión pública y recurría sin dudarlo a métodos coercitivos como la censura.

No es de extrañar, pues, que el célebre texto «Sobre el teatro de marionetas» se publicara en la primera quincena de diciembre, poco después de la prohibición. Se ha de tener en cuenta, además, que los teatros de marionetas estaban sometidos a una severa supervisión por parte de las autoridades en Berlín, que los consideraban «obscenos» y «peligrosos», pues podían «influir negativamente en la moral del pueblo», de tal modo que se limitaron de manera rigurosa sus actuaciones, sobre todo a partir de septiembre de 1810. En este contexto de prohibición y censura debemos situar, pues, la publicación del célebre y misterioso texto de Kleist, en el que la figura de Iffland permanece invisible pero a la vez presente como un fantasma. El director teatral recomendaba, por ejemplo, a los futuros actores el uso del espejo para aprender a actuar y a representar adecuadamente a sus personajes; véase entonces al respecto el nefasto papel que tiene el espejo en el escrito de Kleist. Lo mismo vale para la expresión de las emociones por parte de Iffland actor, que la trasladaba a las manos y llevaba por tanto adonde no debía el «centro de gravedad» de la emoción. Son muchos y sutiles los nexos que vinculan a Iffland con este escrito, el cual, sin embargo, va mucho más allá de una polémica con un actor y director teatral y llama, como gran obra que es, a la puerta del misterio.

A partir de 1811, las *Berliner Abendblätter* se vendieron cada vez menos, pues sin las noticias de sucesos y sin las críticas teatrales el periódico carecía ya de interés. La situación se tornó más y más insostenible, hasta tal punto que el editor amenazó con exigir una reparación por las pérdidas que estaba sufriendo. El 22 de febrero de 1811 Kleist escribió una carta a quien consideraba el causante de sus males, el consejero Von Raumer de la oficina del canciller Hardenberg, e incluso lo desafió a un duelo. Quien reaccionó fue el propio canciller y lo hizo muy duramente, de modo que Kleist acabó echándose atrás y resignándose. La suerte del periódico estaba sellada y el último número apareció el 30 de marzo.

No cabe la menor duda de que el fracaso del proyecto de las *Berliner Abendblätter* afectó duramente al escritor y que de alguna manera influyó en su posterior suicidio, el 21 de noviembre de ese mismo año.

Kleist buscó la muerte con Henriette Vogel, de soltera Keber, una mujer culta, lectora de Shakespeare, Cervantes y Goethe, autora de textos inéditos e imbuida de cierto fervor religioso, a la que conoció poco antes. Algunos la describen como una persona frívola; otros mencionan que estaba gravemente enferma. A orillas del pequeño Wannsee, él le disparó a ella en el corazón y luego a sí mismo en la boca. Henriette Vogel tenía treinta y un años; Kleist, treinta y cuatro. Los dos fueron enterrados en el mismo lugar de los hechos. Habían llegado el día anterior procedentes de Berlín y se alojaron en un hostal cercano. Después de pasar la noche en vela, enviaron cartas a la capital por medio de un mensajero y se dirigieron bromeando, correteando y bailando hasta la orilla del lago, donde todavía tomaron café.

La presente edición ofrece una traducción del ensayo «Sobre el teatro de marionetas», así como de otros breves textos relacionados con el teatro, la pintura, el pensamiento y la música publicados en las *Berliner Abendblätter*. Los escritos elegidos, creados en una época en que dominaba la celebración de la razón y del intelecto, muestran una voz lúcida y heterodoxa que se expresaba desde el margen y trataba de poner de manifiesto la fragilidad del edificio humano, el magma de las fuerzas y procesos inconscientes, oscuros y confusos que subyacen al espíritu, a la voluntad y a los actos de los hombres, donde no todo es plan, reflexión, premeditación o conciencia. Esta pequeña selección incluye asimismo un texto que Kleist nunca publicó en vida y que sólo apareció muchas décadas más tarde, redactado durante su etapa en Königsberg entre 1805 y 1806, cuando se preparaba, estudiando y haciendo prácticas, para ingresar en la administración pública: «Sobre la paulatina elaboración de los pensamientos al hablar». El escrito prefiguraba, por su forma serpenteante, por su libertad y heterodoxia, muchos de los textos que luego aparecerían en las *Berliner Abendblätter*. Y esta traducción busca, a su vez, preservar y poner de manifiesto el particular ritmo y la particular tensión de la prosa kleistiana, que son también reflejo de esa libertad y heterodoxia.

SOBRE EL TEATRO DE MARIONETAS

Cuando pasaba yo el invierno de 1801 en M…, me encontré allí una tarde, en un parque público, con el señor C., que estaba contratado desde hacía poco como primer bailarín de la ópera de esa ciudad y gozaba de extraordinario éxito entre el público.

Le dije que me había sorprendido encontrarlo varias veces en un teatro de marionetas, que habían montado en la plaza y que divertía a la plebe mediante pequeñas farsas dramáticas, entretejidas de cantos y danzas.

Me aseguró que la pantomima de esos muñecos le proporcionaba gran placer y dejó entrever, de manera bastante clara, que un bailarín deseoso de formarse alguna cosa de ellos podría aprender.

Como la declaración, por la forma en que la expuso, se me antojó algo más que una mera ocurrencia, me senté a su lado para interrogarlo con más detalle por los motivos en que sustentaba tan peculiar afirmación.

Me preguntó si, en efecto, algunos de los movimientos de los muñecos, en particular de los más pequeños, no me habían parecido muy graciosos en la danza.

No podía yo negar esta circunstancia. Un grupo de cuatro campesinos, que bailaba en corro a compás rápido, no podría haber sido pintado más bellamente por Teniers.

Pregunté por el mecanismo de esas figuras y cómo era posible gobernar las partes individuales de las mismas y sus puntos sin miríadas de hilos en los dedos, del modo que exigía el ritmo de los movimientos o la danza.

Respondió que no debía yo imaginar que cada parte fuese controlada y estirada una por una por el maquinista, durante los diversos momentos de la danza.

Cada movimiento, dijo, tenía un centro de gravedad; y era suficiente gobernarlo en el interior de la figura; las partes, que no eran más que péndulos, obedecían sin intervención alguna, mecánicamente.

Añadió que ese movimiento era muy sencillo; que cada vez que el centro de gravedad era movido en *línea recta*, las partes trazaban *curvas*; y que a menudo, sacudido de manera fortuita, todo se convertía en una suerte de movimiento rítmico que se asemejaba a la danza.

Esta observación me pareció en un principio que proyectaba cierta luz sobre el placer que aquel hombre pretendía haber hallado en el teatro de marionetas. Sin embargo, no imaginaba ni de lejos las conclusiones que luego sacaría.

Le pregunté si creía que el maquinista que gobernaba esos muñecos era también un bailarín o si había de tener al menos un concepto de lo bello en la danza.

Contestó que el hecho de que una actividad resultara fácil desde el punto de vista mecánico no quería decir que pudiese realizarse sin sentimiento alguno.

Bien es cierto que la línea que el centro de gravedad había de recorrer era muy sencilla y, tal como él creía, recta en la mayoría de los casos. En los casos en que era curva, la ley de su curvatura parecía al menos de primer y a lo sumo de segundo orden; y también en este último caso sólo elíptica, que era la forma de movimiento más propia de las extremidades del cuerpo humano (por las articulaciones), de modo que al maquinista no le costaba gran arte trazarla.

Por otra parte, sin embargo, esa línea resultaría a su vez algo sumamente misterioso. Pues no sería otra cosa que el camino que seguía el alma del bailarín; y dudaba de que pudiera encontrarse si el propio maquinista no se ponía en el lugar del centro de gravedad de la marioneta, es decir, en otras palabras, si no bailaba.

Le respondí que yo había imaginado la actividad de éste como algo bastante carente de ingenio: más o menos como girar el manubrio que hace sonar un organillo.

—En absoluto—contestó—. Antes bien, los movimientos de sus dedos se relacionaban de manera bastante artificiosa con el movimiento de los muñecos a ellos fijados, más o menos como los números con sus logaritmos o la asíntota con la hipérbola.

Él creía, sin embargo, que incluso esta última intervención del espíritu de la que había hablado podría eliminarse de las marionetas, y su danza transferirse enteramente al reino de las fuerzas mecánicas y generarse mediante un manubrio, tal como yo me figuraba.

Manifesté mi asombro al comprobar la atención que le merecía esta variante de un bello arte inventada para el vulgo. No sólo la consideraba susceptible de un desarrollo superior, sino que parecía ocuparse él mismo de tal evolución.

Sonrió y dijo que se atrevía a afirmar que si un mecánico quisiese construir una marioneta según las exigencias que él le planteara, haría que ésta representara una danza que ni él mismo ni otro hábil bailarín de su época, incluido el propio Vestris, serían capaces de igualar.

—¿Ha oído usted hablar—preguntó, mientras yo miraba en silencio el suelo—de esas piernas mecánicas que artistas ingleses fabrican para los desdichados que sus piernas han perdido?

Le dije que no, que nunca había visto algo semejante.

—Qué pena—respondió—; porque si le digo que esos desdichados hasta bailan con ellas, me temo que usted no me creerá. ¿Qué digo bailar? El alcance de sus movimientos es ciertamente limitado, pero aquellos de los que son capaces los realizan con una calma, gracia y ligereza que asombran a cualquier alma pensante.

Manifesté, en broma, que entonces había hallado a su hombre. Pues el artista que es capaz de construir tan extraño miembro sin duda podría armar también una marioneta entera conforme a sus exigencias.

—¿En qué—pregunté, ya que él por su parte miró un tanto turbado al suelo—, en qué, pues, consisten esas exigencias que usted pretende plantear a la destreza de aquel hombre?

—En nada que no se encuentre también aquí—respondió—: armonía, movilidad, ligereza, pero todo ello en un grado superior; y, en particular, una disposición más natural de los centros de gravedad.

—¿Y qué ventaja tendría tal muñeco sobre los bailarines vivos?

—¿La ventaja? En primer lugar, una negativa, mi excelente amigo, concretamente que nunca mostraría una actitud afectada. Pues la afectación aparece cuando el alma (*vis motrix*) se encuentra en un punto que no es el centro de gravedad del movimiento. Ya que el maquinista simplemente, por medio del alambre o del hilo, no tiene otro punto en su poder que éste, todas las demás partes están, como deben estar, muertas, son meros péndulos, y obedecen a la sola ley de la gravedad; una excelente cualidad que uno busca en vano en la mayor parte de nuestros bailarines.

»Mire usted a la P...—continuó—cuando interpreta el papel de Dafne y, perseguida por Apolo, se vuelve hacia él y lo mira; el alma se le asienta en las vértebras de la espalda; se inclina como si romperse quisiera, cual joven náyade de la escuela de Bernini. Mire usted al joven F…, cuando, haciendo de Paris, está entre las tres diosas y ofrece a Venus la manzana: el alma se le asienta incluso (es un espanto verlo) en el codo.

»Tales desatinos—prosiguió a modo de conclusión—son inevitables desde que comimos del árbol del conocimiento. Pero el paraíso está cerrado a cal y canto y el querubín, a nuestras espaldas; hemos de emprender el viaje alrededor del mundo y ver si quizá por atrás en alguna parte vuelve a estar abierto.

Me reí. «Desde luego—pensé—el espíritu no puede equivocarse allí donde no existe». Observé, sin embargo, que él quería añadir algo y le pedí que continuara.

—Además—dijo—, estos muñecos tienen la ventaja de ser antigrávidos. Desconocen la inercia de la materia, esa cualidad que es la más contraria de todas a la danza, porque la fuerza que los eleva en el aire es mayor que la que a la tierra los fija. ¿Qué no daría nuestra buena G. por ser sesenta libras más liviana o por que un peso de tal magnitud le echase una mano en sus *entrechats* y piruetas? Los muñecos, como las sílfides, necesitan el suelo solamente para rozarlo y animar así de nuevo, mediante ese momentáneo impedimento, el impulso de los miembros; nosotros lo necesitamos para descansar sobre él y recuperarnos del esfuerzo de la danza: un momento que evidentemente en sí no es danza y con el que no se puede emprender más que hacerlo desaparecer cuanto antes.

Dije que, por muy ducho que fuera en defender sus paradojas, jamás me haría creer que pudiese haber más gracia en un títere mecánico que en la estructura del cuerpo humano.

Contestó que al hombre le resultaría simplemente imposible alcanzar siquiera al títere en ello; que sólo un dios podría, en este ámbito, medirse con la materia; y ése era el punto en que ambos extremos del circular mundo se tocarían.

Me asombré cada vez más y no supe qué decir ante tan peculiares afirmaciones.

—Me parece—continuó mientras cogía una pizca de rapé—que no ha leído usted con atención el tercer capítulo del primer libro de Moisés; y con quien no conoce ese primer período de toda cultura humana no se puede hablar con propiedad sobre los siguientes y menos aún sobre el último—dijo.

Respondí que era muy consciente de los desórdenes que había provocado la conciencia en la gracia natural del ser humano. Expliqué que un joven conocido mío había perdido, mediante una simple afirmación, su inocencia ante mis ojos, por así decirlo, y luego no había reencontrado nunca el paraíso de la misma, a pesar de todos los esfuerzos imaginables.

—Pero ¿qué conclusiones—añadí—puede usted extraer de ello?

Me preguntó a qué incidente me refería.

—Hace unos tres años—conté—me estaba bañando con un joven cuya figura se caracterizaba entonces por una gracia maravillosa. Debía de tener unos dieciséis años, y sólo desde muy lejos podían observarse los primeros signos de la vanidad, causados por el favor de las mujeres. Resultó que precisamente poco antes habíamos visto la escultura de aquel efebo que se arranca una astilla del pie; las copias de aquella obra son conocidas y se encuentran en la mayoría de las colecciones alemanas. Una mirada que lanzó a un gran espejo en el momento de poner el pie sobre el taburete para secarse se lo recordó; sonrió y me dijo qué descubrimiento acababa de hacer. En realidad, yo había hecho el mismo en ese preciso momento; pero, fuese para comprobar la firmeza de la gracia que le era inherente, fuese para curar un poco su vanidad, me reí y le contesté que sin duda eran imaginaciones suyas. Se sonrojó y levantó el pie por segunda vez para mostrármelo; mas el intento, como fácilmente habría podido preverse, fracasó. Alzó desconcertado el pie por tercera y por cuarta vez, quizá diez veces más: ¡en vano! Fue incapaz de reproducir el mismo movimiento. Es más, los movimientos que hacía tenían un rasgo tan cómico que me costó contener la risa.

A partir de ese día, casi desde ese instante, una inexplicable transformación se produjo en el joven. Comenzó a pasarse los días ante el espejo; y poco a poco lo fue abandonando un encanto tras otro. Una fuerza invisible e incomprensible parecía haber caído, como una férrea red, sobre el libre juego de sus gestos y, al cabo de un año, no quedaba en él ni rastro del hechizo que normalmente había deleitado los ojos de las personas que lo rodeaban. Todavía vive algún testigo de aquel curioso y desdichado incidente y podría confirmarlo, palabra por palabra, tal como lo he contado.

—En este caso—dijo con tono amable el señor

C...—tendré que contarle otra historia que encaja perfectamente, como verá usted, en este lugar.

»Durante mi viaje a Rusia me encontraba en una finca del señor Von G., un aristócrata livonio cuyos hijos se ejercitaban precisamente por aquel entonces con ahínco en la esgrima. Sobre todo el mayor, que acababa de regresar de la universidad, se hacía el virtuoso y me ofreció, cuando una mañana estaba yo en su habitación, un florete. Combatimos; pero resultó que yo era superior; el ardor se sumó para desquiciarlo; casi cada floretazo que yo daba acertaba, y su florete voló finalmente al rincón. Medio en broma, medio dolido dijo, mientras recogía el florete, que había encontrado a su maestro: pero que cada uno en este mundo encuentra al suyo y que a continuación querría conducirme hasta el mío. Los hermanos se desternillaron de risa y gritaron: —¡Vamos! ¡Vamos! ¡Abajo, al cobertizo!—, me cogieron entonces de la mano y me llevaron hasta un oso al que el señor Von G., su padre, había mandado adiestrar en la granja.

»El oso estaba, cuando me planté sorprendido ante él, erguido sobre las patas traseras, la espalda apoyada en un palo al que estaba atado, la garra derecha alzada, lista para golpear, y me miró a los ojos: era su postura de esgrimista. Al verme ante semejante rival, yo no sabía si estaba soñando; —¡Usted ataque! ¡Ataque!—dijo el señor Von G.—. ¡Y pruebe si puede asestarle una estocada!—. Cuando me hube recuperado un poco de mi asombro, ataqué con el florete; el oso hizo un brevísimo movimiento con la garra y paró el golpe. Intenté engañarlo mediante fintas: el oso no se movió. Una vez más, con un gesto ágil y repentino, lo ataqué, y habría acertado sin falta en el pecho de un hombre: el oso hizo un brevísimo movimiento con la garra y detuvo la estocada. Ahora me encontraba casi en la situación del joven señor Von G. La seriedad del oso contribuía a sacarme de quicio, los floretazos y las fintas se alternaban, yo estaba chorreando de sudor: ¡en vano! El oso no sólo detenía los golpes como el mejor esgrimista del mundo, sino que ni siquiera reaccionaba a las fintas (algo que ningún esgrimista del planeta podría imitar): mirándome a los ojos, como si mi alma allí pudiera leer, permanecía con la garra levantada lista para golpear y, cuando yo amagaba una estocada, ni se movía. ¿Se cree usted esta historia?

—¡Totalmente!—exclamé, aplaudiendo con regocijo—; ¡es tan verosímil que la creería viniendo de cualquier extraño, más aún si viene de usted!

—Pues bien, mi excelente amigo—dijo el señor C.—, está usted por tanto en posesión de todo lo necesario para comprenderme. Vemos que a medida que, en el mundo orgánico, la reflexión se vuelve más oscura y débil, más radiante y dominante se manifiesta allí la gracia. Pero así como la intersección de dos líneas, a un lado de un punto, después de pasar por el infinito, reaparece de repente en el otro lado, o la imagen del espejo cóncavo, después de alejarse al infinito, se presenta de repente pegada a nosotros: así también, cuando el conocimiento ha pasado por un infinito, como quien dice, la gracia vuelve a hacer acto de presencia; de modo que comparece, al mismo tiempo, de la manera más pura en aquella constitución física humana que o bien no tiene ninguna conciencia, o bien tiene una conciencia infinita, es decir, en el títere o en Dios.

—Por tanto—dije un poco distraído—, ¿deberíamos volver a comer del árbol del conocimiento para precipitarnos de nuevo al estado de inocencia?

—Así es—respondió—, es el último capítulo de la historia del mundo.

SOBRE LA REFLEXIÓN
UNA PARADOJA

Se suele poner por las nubes la utilidad de la reflexión, sobre todo de la fría y prolija, previa a la acción. Si fuera español, italiano o francés, esto tendría algún sentido. Sin embargo, como soy alemán, abrigo la intención de darle a mi hijo el siguiente discurso en un futuro, en particular si él quisiera elegir la carrera militar:

La reflexión, has de saber, encuentra su momento mucho más adecuado no antes, sino después de la acción. Cuando se produce antes o en el momento mismo de la decisión, sólo parece confundir, refrenar y reprimir la fuerza que es necesaria para actuar y que brota del maravilloso sentimiento; en cambio, luego, cuando la acción se ha consumado, se puede hacer de la reflexión el uso para el cual le ha sido dada al ser humano, esto es, para cobrar conciencia de lo que en el proceso se ha demostrado frágil y erróneo y para regular el sentimiento para otros casos futuros. La vida en sí es un combate con el destino; y con la acción ocurre lo mismo que con la lucha. El atleta, en el instante en que tiene agarrado a su rival, no puede actuar según otra consideración que no sea la de sus meras inspiraciones momentáneas; y aquel que quisiera calcular qué músculos habría de forzar y qué miembros poner en liza para vencer quedaría en desventaja sin remedio y acabaría derrotado. Después, sin embargo, si ha vencido o si yace en el suelo, podrá ser útil y oportuno pensar mediante qué presión ha tumbado a su oponente o qué zancadilla debería haber echado para mantenerse en pie. Quien no tiene agarrada la vida como un luchador así y no siente y percibe con miles de articulaciones, respondiendo a todos los vuelcos del combate, a todas las resistencias, presiones, reacciones y maniobras evasivas, no impondrá su voluntad en ninguna conversación y mucho menos en una batalla.

TEATRO

2 DE OCTUBRE, «EL TONO DEL DÍA», COMEDIA DE VOSS

Dice Kant en algún lugar de su *Crítica del juicio* que la mente humana y la mano son dos cosas que pertenecen necesariamente la una a la otra y están relacionadas entre sí. Considera que la mente precisa, si pretende alcanzar un efecto, de una herramienta de perfección tan variada y proteica como la mano; y que, por otra parte, la estructura de la mano da a entender que la inteligencia que la gobierna ha de ser la mente. La verdad de esta frase en apariencia paradójica nunca se nos pone tan de manifiesto como cuando vemos al señor Iffland sobre el escenario. Realmente, expresa con las manos de la manera más asombrosa casi todos los estados y movimientos internos del alma. No es que en sus actuaciones su cuerpo en general no intervenga de manera efectiva, según las exigencias de su arte: si fuera así, aquello que hemos expuesto aquí sería un reproche. En cuanto a la pantomima en términos generales, sobre todo en las piezas de teatro burguesas, no se encontrará fácilmente en la actualidad a un actor a su altura. Sin embargo, afirmamos que de todos sus miembros ninguno interviene de modo tan insistente como la mano para expresar una emoción; casi distrae la atención de su tan expresivo rostro; y, por muy excelente que sea en sí su actuación, creemos a pesar de todo que un uso más moderado y menos pródigo que el que él hace de las manos sería provechoso para su forma de actuar (si es que ésta algo deja que desear).

COMENTARIO SIN IMPORTANCIA

Cuando se pregunta por qué las obras de Goethe se representan tan pocas veces en el teatro, la respuesta suele ser que esas piezas, por excelentes que sean, apenas son de utilidad para la caja, según una experiencia a menudo repetida. Confieso que una dirección de teatro que, a la hora de seleccionar sus obras, sólo se fija en los medios para sostenerse sigue un camino muy sencillo y natural para llegar a la meta de crear un buen teatro para la nación. Pues así como, según Adam Smith, el panadero, sin mayor conocimiento químico de las causas, puede deducir que sus panecillos son buenos si se compran a centenas, la dirección, sin ocuparse en absoluto en la crítica, puede deducir de forma infalible que pone buenas piezas sobre el escenario si los palcos y los asientos están atestados de gente en sus representaciones. Este principio, no obstante, sólo es verdadero allí donde el comercio es libre y se da una competencia sin restricciones entre las tablas. En una ciudad en que coexisten varios teatros, desde luego, en cuanto en uno de ellos el drama degenera en su afán unilateral por recaudar dinero, otro empresario diligente, apoyado por el sentido artístico de los mejores sectores de la nación, podría tener la idea de devolver el género a su pureza originaria. Sin embargo, donde el teatro es un privilegio exclusivo, el drama, aplicando tal principio, puede llegar a desaparecer. La dirección de tal teatro tiene la obligación de ocuparse en la crítica y necesita, por su tendencia natural a halagar a la masa, un control superior por parte del Estado. Y, en efecto, si en un teatro como el berlinés la ley suprema fuese llenar la caja sin tener en cuenta otras consideraciones, el escenario debería entregarse directamente a acróbatas, malabaristas y payasos, para dar un espectáculo con el que a la caja sin duda le saldrían más fácilmente las cuentas que con piezas góticas. Ya se han visto hace un tiempo parodias sobre el escenario; y si en su puesta en escena se hubiera aplicado suficiente ingenio, del que esos productos por fortuna carecían del todo, habría resultado fácil, teniendo en cuenta la frivolidad de los espíritus, hacer desaparecer mediante ellos el drama por completo. Es más, suponiendo que a la dirección se le ocurriera representar las piezas góticas de tal manera que los hombres hicieran el papel de las mujeres y las mujeres el de los hombres y si se aplicara cierto esmero al vestuario y a una momería adecuada, apuesto a que el público se pelearía en la taquilla por las entradas, la obra estaría durante tres semanas seguidas en cartel y la dirección volvería a ser de pronto solvente. Son advertencias que, creo yo, merecen ser tenidas en cuenta.

ESCRITO DE UN HONESTO BERLINÉS SOBRE NUESTRO TEATRO, DIRIGIDO A UN AMIGO EN EL EXTRANJERO

La siguiente carta de un honesto berlinés sobre nuestro teatro, dirigida a un amigo en el extranjero, nos la ha enviado una mano desconocida. En estas páginas hemos dado más de una muestra de imparcialidad; de tal manera que, sin tener en cuenta a nuestros opositores que aparecen en ellas, no ponemos reparo en presentarla al público:

El señor Iffland, director teatral, según confesión de gran parte de Berlín, ha transformado y determinado desde que está al frente de nuestro teatro la forma y el prestigio de éste de una manera particular y extraordinaria, sin duda sumamente sorprendente para cualquier amigo de las artes; y si sigue entre nosotros por un tiempo más prolongado y continuo, que es lo que esperamos por el brillo y la dignidad que posee su situación externa, es probable que impregnará el teatro quizá de una manera inalterable e imborrable, le imprimirá, concretamente, carácter (que es lo primero que ha de tener). Bien es cierto que no todos los amigos de las artes, en particular aquellos que han salido de la escuela más moderna, están de acuerdo con los principios según los cuales se rige; pero los que ha establecido para sí los sigue con energía, seguridad e inquebrantable consecuencia: cualidades que pueden hacer parecer más saludables y provechosas, incluso, las medidas erróneas que las acertadas cuando éstas carecen de tales dones.

La causa principal mediante la cual lo consigue reside en la feliz relación en que nos hallamos desde hace años ya con la crítica; con la crítica, que es la valiosísima, inseparable y fraternal acompañante de cualquier teatro interesado en acercarse por el camino más corto y rápido a la perfección. Hombres de tanto conocimiento como imparcialidad han asumido la tarea de escribir críticas teatrales permanentes en los periódicos públicos, reconocidos por el Estado; y sólo la calumnia más infame ha podido dar a los favores que la dirección, tal vez por amistad personal, les ha concedido la interpretación de que de ese modo los sobornaba. La identidad, la coincidencia y la congruencia de las opiniones en el ámbito del arte hacen que ellos, con un afán completamente altruista, tan sólo ilustrando y valorando lo que se muestra sobre el escenario, contribuyan a los objetivos de la dirección; y si un interés económico (que no hay motivos para negar) es la base de la tarea que han asumido, tampoco difiere de la que mueve a cualquier escritor que entrega sus manuscritos a su editor. De ahí que desde hace años tengamos el feliz fenómeno, que, eso sí, provoca la envidia de los malintencionados, de que el órgano que cuenta con el mayor número de lectores está del lado del teatro; de tal manera que una voz que ponga en duda sus reseñas y procure desorientar así al público sólo puede perderse en publicaciones menores y oscuras y pasar de ahí a ser acogida luego en ajenas y extranjeras; de todos modos, además, aquí nos ocupamos de diferentes maneras de contrarrestar las repercusiones de tales intrigas.

Y, en efecto, si una dirección ha llevado al límite el campo de la crítica tal como se puede comprobar en aquella de la que ahora disfrutamos, ¿para qué, podemos preguntar, un razonar y reseñar que desde luego nunca se produce desde un punto de vista que se ha establecido una vez ya de forma inalterable, tras una determinada elección de lo mejor, para qué, preguntamos, algo que sólo sirve para perturbar la armonía que debe reinar entre la dirección y el público, para hacer que éste desconfíe y descrea del proceder de aquélla y para echar por tanto por tierra de la manera más inconveniente y repelente todo el disfrute del arte, la totalidad de los efectos tanto estéticos como morales y filosóficos que pretende la dirección?

Espíritus excéntricos, mentes geniales y revolucionarios poéticos se burlan, lo sabemos muy bien, con expresiones divertidas y otras no tan divertidas, de esta «santidad teatral», de este último «papa del teatro»; aducen que incluso la Iglesia ha tenido que tolerar que se introduzca la antorcha de la investigación en lo que le es lo más sagrado; sin embargo, muy lejos de dejarnos confundir por bromas de ese tipo, cuya fuente impura resulta demasiado evidente, ello sólo debe ser un motivo más para cerrar la puerta de nuestro pequeño y amable templo (cuanto se pueda) ante su antorcha no autorizada, impertinente y frívola. En una época, creemos, en que todo se tambalea resulta tanto más necesario que algo permanezca fijo: y si la Iglesia, como dicen los sublimes augurios de esos señores (¡que Dios nos guarde de ellos!), estuviera destinada a desaparecer en la corriente de los tiempos, no hallaríamos nada mejor con que reemplazarla que un teatro nacional, una institución a la que, por delante de todas las demás, se le asigna la tarea de formar la nación, de desplegar y desarrollar todas sus facultades, peculiaridades y virtudes, las mayores y las menores.

Berlín, 20 de noviembre de 1810

P.S.: Ayer vimos aquí *El quintero Comino*; y pronto volveremos a ver *El sobrino Cuco* y quizá también *Roque Hogaza*.

CARTA DE UN PINTOR A SU HIJO

Mi querido hijo, me escribes que estás pintando una Virgen y que tu sentimiento para completar esa obra te resulta tan físico e impuro que cada vez que coges el pincel te dan ganas de tomar la comunión para santificar la pintura. Deja que tu anciano padre te diga que es un entusiasmo falso que se te ha pegado en la escuela de la que vienes y que, además, según las indicaciones de nuestros dignos maestros antiguos, basta y sobra sentir un placer simple, pero por lo demás honesto, en el juego de poner tus fantasías sobre el lienzo. El mundo es una creación curiosa; y los efectos más divinos, mi querido hijo, emanan de las causas más bajas e insignificantes. El ser humano, para darte un ejemplo evidente, es sin duda una criatura sublime; aun así, en el momento en que es engendrado, no es necesario tener esto en cuenta con mucha sacralidad. Es más, quien tome antes la comunión y proceda con el mero propósito de plasmar su concepto de ella en el mundo sensible, creará indefectiblemente un ser pobre y frágil; en cambio, aquel que en una alegre noche de verano besa a una muchacha sin darle más vueltas traerá al mundo a un niño que luego andará lozano entre la tierra y el cielo y dará trabajo al filósofo. Y con esto acabo, ¡anda con Dios!

SENSACIONES ANTE UNA MARINA DE FRIEDRICH

Es una maravilla contemplar en infinita soledad a la orilla del mar, bajo un cielo nublado, un ilimitado desierto de agua. Aun así, forma parte de ello el haber ido allí, el tener que volver, el querer atravesarlo y no poder, el echar de menos todo para la vida, y percibir no obstante la voz de la vida en el rumor de la marea, en el soplo del aire, en el desfile de las nubes, en el grito solitario de los pájaros. Forma parte de ello una exigencia que formula el corazón y un quebranto, por decirlo así, que la naturaleza le produce a uno. Esto, sin embargo, no es posible ante el cuadro y aquello que había de encontrar en el propio cuadro lo hallé por el momento entre el cuadro y yo, concretamente, una exigencia que mi corazón le formulaba al cuadro y un quebranto que éste me producía; y así yo mismo me convertí en el capuchino, el cuadro se convirtió en la duna, pero aquello que ansiaba ver, el mar, faltaba por completo. Nada puede ser más triste e incómodo que esta posición en el mundo: ser la única chispa vital en el amplio reino de la muerte, centro solitario en el círculo solitario. El cuadro se presenta con sus dos o tres misteriosos objetos, como el Apocalipsis, cual si abrigara los pensamientos nocturnos de Young; y puesto que por su uniformidad y ausencia de límites no tiene en primer plano nada salvo el marco, nos da la impresión, cuando lo contemplamos, de que nos han cercenado los párpados. Aun así, el pintor sin duda ha abierto un camino del todo nuevo en el ámbito de su arte; y estoy convencido de que, con su espíritu, se podría representar una milla cuadrada de arena de la Marca de Brandeburgo, con un agracejo sobre el que una corneja encrespa solitaria su plumaje, y de que ese cuadro debería surtir realmente el efecto de las obras de Ossian o de Kosegarten. Es más, si se pintara el paisaje con su propia tiza y con su propia agua, hasta se podría hacer aullar a los zorros y a los lobos: lo máximo que, sin la menor duda, se puede aducir en elogio de tal tipo de paisajismo. Sin embargo, mis propias sensaciones frente a este maravilloso cuadro son demasiado confusas; por eso me he propuesto, antes de atreverme a expresarlas del todo, aprender a través de las manifestaciones de quienes, por parejas, pasan por delante de él desde la mañana hasta la tarde.

SOBRE LA PAULATINA ELABORACIÓN DE LOS PENSAMIENTOS AL HABLAR

Para R[ühle] v[on] L[ilienstern]

Si quieres saber algo y no logras encontrarlo a través de la meditación, te recomiendo, mi querido e inspirado amigo, hablar sobre ello con el primer conocido que se te presente. No ha de ser necesariamente una mente avispada, tampoco quiero decir que debas interrogarlo al respecto: ¡no! Antes bien, deberás explicárselo tú primero. Veo que pones los ojos como platos y que me responderás que en años anteriores se te recomendaba no hablar de nada salvo de cosas que ya comprendías. Pero entonces hablabas probablemente con el propósito de enseñar a otros, yo quiero que hables con la sensata intención de enseñarte a ti mismo, y así podrían, aplicadas de modo diferente a casos diferentes, ambas reglas de la prudencia coexistir perfectamente. El francés dice que *l'appétit vient en mangeant*, y esta frase basada en la experiencia sigue siendo verdadera si se la parodia y se dice que *l'idée vient en parlant*. A menudo estoy sentado a mi mesa de trabajo, sumido en los expedientes y tratando de averiguar, en un litigio complejo, el punto de vista desde el cual debería juzgarse. Entonces suelo mirar normalmente hacia la luz, es decir, hacia el punto más luminoso, en el empeño que pone mi fuero interno por aclararse. O busco, cuando se me presenta una tarea de álgebra, el punto de partida, la ecuación que expresa las relaciones dadas y de la que luego se deduce fácilmente la solución mediante el cálculo. Y he aquí que cuando hablo sobre el asunto con mi hermana, que está sentada trabajando detrás de mí, llego a una conclusión que no habría conseguido mediante una reflexión de quizás horas de duración. No es que ella, en el sentido propio de la palabra, me la diga; pues ella no conoce ni el código penal ni ha estudiado los libros de Euler o de Kästner. Ni que ella, mediante hábiles preguntas, me lleve hasta el punto que importa, si bien esto último puede ocurrir a menudo. Pero como a pesar de todo poseo alguna difusa idea que guarda cierta distante relación con lo que busco, si me pongo a ello con determinación, el espíritu, mientras el discurso continúa por la necesidad de darle al comienzo también un final, va configurando esa confusa idea hasta llegar a la plena claridad, de tal manera que el conocimiento, para mi asombro, se presenta acabado al concluir el período. Introduzco sonidos inarticulados, alargo las conjunciones, utilizo asimismo una aposición cuando no es necesaria y recurro a otros trucos que dilatan el discurso con el fin de ganar tiempo para fabricar mi idea en el taller de la razón. A todo esto, nada me ayuda más que algún gesto de mi hermana, como si quisiera interrumpirme; porque mi espíritu, empecinado en ello, se excita todavía más por ese intento de arrancarle desde fuera el discurso en cuya posesión se halla y tensa un grado más su capacidad, como un general cuando las circunstancias lo apremian. En este sentido, comprendo hasta qué punto podía servirle a Molière su criada; y al creerla capaz, como él pretende, de un juicio susceptible de rectificar el suyo, muestra una modestia que no creo que existiera en su corazón. A aquel que habla le supone una peculiar fuente de entusiasmo el rostro de la persona que tiene enfrente; y una mirada que anuncia como ya comprendido un pensamiento expresado sólo a medias nos regala a menudo la exposición de la otra mitad. Pienso que más de un gran orador, en el momento de abrir la boca, no sabía aún lo que diría. Sin embargo, el convencimiento de poder extraer la para él necesaria plétora de pensamientos de las meras circunstancias y de la resultante excitación de su espíritu le proporcionaba la osadía suficiente para arrancar a la buena de Dios. Recuerdo el famoso «trueno» con el que Mirabeau sentenció al maestro de ceremonias, quien, tras la suspensión de la última sesión monárquica el 23 de junio, en la cual el rey había ordenado a los tres estados que se marchasen, regresó a la sala de sesiones en la que aún permanecían éstos y les preguntó si habían oído la orden del rey. «Sí—respondió Mirabeau—hemos oído la orden del rey», y estoy seguro de que con este comienzo tan humano no pensaba todavía en las bayonetas con las que concluiría: «Sí, señor—repitió—, la hemos oído», y se nota que no sabía aún lo que quería. «Pero ¿qué lo autoriza a usted—continuó y en ese instante brotó en él una fuente de ideas grandiosas—a sugerirnos órdenes? Nosotros somos los representantes de la nación». ¡Eso era lo que necesitaba! «La nación imparte las órdenes, y no recibe ninguna—dijo para elevarse acto seguido al culmen de la osadía—: Y para hablaros con toda claridad—y sólo entonces coincidió aquello que expresaba con toda la resistencia para la que su alma estaba ya preparada—, dígale usted que sólo abandonaremos nuestros puestos por la fuerza de las bayonetas». Tras lo cual, satisfecho de sí, se sentó en su asiento. Si pensamos en el maestro de ceremonias en esta escena, solamente podemos imaginarlo en un estado de total bancarrota mental; conforme a una ley parecida, según la cual un cuerpo que es de un estado eléctrico neutro, cuando entra en la atmósfera de un cuerpo electrizado, genera de repente la electricidad contraria. Y así como en el cuerpo electrizado, por un efecto recíproco, el grado de electricidad que le es inherente vuelve a verse reforzado, el ánimo de nuestro orador, al ver la aniquilación de su oponente, pasó al entusiasmo más audaz. De este modo, tal vez fuera en definitiva el movimiento involuntario de un labio superior o un ambiguo gesto de tocarse la botamanga lo que causó la subversión del orden de las cosas. Leemos que Mirabeau, en cuanto se hubo marchado el maestro de ceremonias, se levantó y propuso: primero, constituirse enseguida en asamblea nacional y, segundo, declararse inviolable. Porque, al descargarse igual que hace una botella de Leyden, tornó a ser neutro y de pronto, de regreso de su audacia, dio cabida a la cautela y al miedo a la fortaleza de Châtelet. Se trata de una curiosa coincidencia entre las manifestaciones del mundo físico y moral, la cual, si uno quisiera seguirla, se comprobaría incluso en las circunstancias colaterales. Sin embargo, abandono mi símil y vuelvo al asunto. También La Fontaine da, en su fábula *Les animaux malades de la peste*, en la que el zorro se ve obligado a pronunciar una apología del león sin saber de dónde sacará la materia para ella, un curioso ejemplo de una paulatina elaboración del pensamiento a partir de un comienzo impuesto por la necesidad. Conocemos la fábula. La peste causa estragos en el mundo animal, el león reúne a los grandes del reino y les comunica que para apaciguar al cielo habrá que sacrificar a alguien. Muchos pecadores tiene el pueblo, y la muerte del mayor de éstos salvará a los demás de la destrucción. Pide, por tanto, que le confiesen sinceramente sus faltas. Él, por su parte, declara que, acuciado por el hambre, liquidó a más de una oveja; también a algún perro cuando se le acercaba; es más, en ciertos momentos de gula, devoró incluso al pastor. Si nadie ha sido culpable de mayores debilidades, está dispuesto a morir. «Señor—dice el zorro, deseoso de eludir la tormenta—, es usted demasiado generoso. Su noble afán lo lleva demasiado lejos. ¿Qué importa asfixiar a una oveja? ¿O a un perro, esa bestia indigna? Y *quant au berger*—continúa, pues he aquí el punto principal—*on peut dire*—dice, a pesar de que no sabe aún qué dirá—*qu'il méritait tout mal*—afirma a la buena de Dios y así se ha enredado ya—*étant*—una palabra pobre que, sin embargo, le concede tiempo—*de ces gens là*—y sólo ahora encuentra por fin la idea que lo saca del atolladero—*qui sur les animaux se font un chimérique empire*». Y demuestra a continuación que el burro, ¡el sanguinario! (que se come todas las hierbas), es la víctima más adecuada, a lo cual todos se abalanzan sobre el asno y lo despedazan. Hablar así es en verdad pensar en voz alta. La serie de las ideas y la de sus verbalizaciones discurren en paralelo y los actos del espíritu correspondientes a la una y a la otra son congruentes. El lenguaje no es entonces un impedimento, cual calza en la rueda de la mente, sino una segunda rueda que gira en paralelo en el eje. Una cosa muy diferente es que la mente, antes de hablar, ya tenga preparados sus pensamientos.

Porque entonces deberá quedarse en su mera expresión, y esta tarea, muy lejos de estimularla, sólo tiene por contra el efecto de relajar su excitación. Por tanto, cuando una idea se expresa de forma confusa, de ello no se sigue en absoluto que se haya pensado también de forma confusa; antes bien, puede ocurrir fácilmente que las ideas expresadas de la manera más confusa hayan sido pensadas con la máxima claridad. En una reunión, en la que mediante una conversación animada se produce una fecundación continua de los espíritus, se observa a menudo a personas que se muestran normalmente reservadas, porque no se sienten dueñas del lenguaje, enardecerse de pronto con un movimiento brusco, apropiarse del lenguaje y alumbrar algo incomprensible. Es más, al atraer la atención de todos, parecen dar a entender por medio de gestos avergonzados que ni siquiera ellas mismas saben exactamente lo que querían decir. Es probable que esa gente pensara algo muy acertado y de modo muy nítido. Pero el repentino cambio de tercio, el paso de su mente del pensamiento a la expresión, ha vuelto a aplacar la excitación que es necesaria tanto para retener el pensamiento como para manifestarlo. En estos casos, nos resulta aún más imprescindible tener el lenguaje a mano para que lo que hemos pensado, y que aun así no hemos podido dar a conocer al mismo tiempo, cuando menos surja lo más rápido posible. En general, aquel que, con la misma claridad, habla más deprisa que su oponente tendrá una ventaja sobre éste, pues aporta, por así decirlo, más tropas al campo de batalla. La necesidad de cierta excitación del espíritu, aunque sólo sea para volver a producir ideas que ya hemos tenido, se observa a menudo cuando se examina a cabezas despiertas e informadas y se les formulan, sin más preámbulos, preguntas tales como las siguientes: «¿Qué es el Estado?», «¿Qué es la propiedad?» o cosas por el estilo. Si esos jóvenes se hubieran encontrado en una reunión en la que se llevaba un rato hablando sobre el Estado o sobre la propiedad, quizás habrían hallado fácilmente la definición mediante comparación, aislamiento y combinación de los conceptos. En este caso, sin embargo, donde falta del todo esta preparación del espíritu, se los ve atascarse, y sólo un examinador poco sensato concluirá de ello que no saben. Porque no somos nosotros los que sabemos, sino que es fundamentalmente cierto estado nuestro el que sabe.

Sólo mentes muy vulgares, gente que ayer aprendió de memoria lo que es el Estado y que al día siguiente ya lo ha olvidado, tendrán aquí una respuesta a mano. Tal vez no exista oportunidad peor para mostrarse desde el lado más ventajoso que un examen público. Aparte de que ya es de por sí repugnante e hiriente para la sensibilidad y de que incita a mostrarse reacio que uno de esos chalanes eruditos nos pregunte por nuestros conocimientos para, según sean cinco o seis los aciertos, comprarnos o rechazarnos, resulta tan difícil tañer un espíritu humano y arrancarle el sonido que le es propio, se desafina tan fácilmente bajo manos torpes, que hasta el conocedor más experimentado del ser humano, capaz de dominar de manera magistral el arte de hacer parir los pensamientos, incluso en este caso podría, por desconocimiento de su puerperio, cometer errores. Además, lo que a estos jóvenes, incluso a los más ignorantes, les proporciona en la mayoría de los casos una buena calificación es el hecho de que los espíritus de los examinadores están demasiado ofuscados para poder juzgar con imparcialidad cuando el examen se celebra en público. Porque no sólo sienten a menudo la indecencia de todo el procedimiento—nos avergonzaría exigir a alguien que vacíe delante de nosotros su cartera y más aún su alma—, sino que su propio intelecto ha de someterse allí a una peligrosa inspección, y a menudo pueden dar las gracias a Dios por poder salir del examen sin haber mostrado debilidades más ignominiosas quizá que el joven recién salido de la universidad al que han examinado.

SANTA CECILIA O EL PODER DE LA MÚSICA

UNA LEYENDA

(Regalo para el bautizo de Cäcilia M[üller])

Hacia finales del siglo XVI, cuando la iconoclasia hacía estragos en los Países Bajos, tres hermanos, jóvenes que estudiaban en Wittenberg, se encontraron en Aquisgrán con un cuarto, empleado como predicador en Amberes. Querían aceptar allí una herencia que les había dejado un tío ya mayor, desconocido para ellos, y se alojaron, con la esperanza de resolver cuanto antes el asunto, en un hostal. Al cabo de unos días, que pasaron escuchando los relatos del predicador sobre los curiosísimos sucesos acaecidos en los Países Bajos, ocurrió que las monjas del convento de Santa Cecilia, situado ante las puertas de la ciudad, se disponían a celebrar la solemnidad del Corpus Christi; de tal forma que los cuatro hermanos, enardecidos por la exaltación, la juventud y el ejemplo de los neerlandeses, decidieron dar también a la ciudad de Aquisgrán el espectáculo de la iconoclasia. El predicador, que ya había dirigido varias veces empresas de ese tipo, reunió en la víspera a un número de jóvenes estudiantes e hijos de comerciantes entregados a la nueva doctrina, que pasaron la noche en el hostal, comiendo, bebiendo vino y despotricando contra el papazgo; y en cuanto amaneció sobre las almenas de la ciudad, se proveyeron de instrumentos de destrucción de toda clase para poner en marcha su desenfrenada decisión. Entre gritos de júbilo acordaron una señal tras la cual querían empezar rompiendo las vidrieras que representaban historias bíblicas; convencidos de hallar muchos seguidores entre el pueblo y decididos a no dejar piedra sobre piedra, se dirigieron, cuando sonaron las campanas, hacia la iglesia. La abadesa, que hacia la medianoche ya había sido avisada por un amigo del peligro que corría el convento, envió a alguien a ver al oficial imperial que comandaba la ciudad a fin de pedirle una guardia para proteger el convento, pero en vano; el oficial, él mismo enemigo del papado y secretamente adepto a la nueva doctrina, le negó la guardia so pretexto de que ella veía fantasmas y que su convento no corría ni el más mínimo peligro. Entretanto llegó la hora en que habían de comenzar las celebraciones y las monjas se disponían a atender a la misa entre rezos y angustias, aguardando acongojadas cuanto había de venir. Nadie las protegía, salvo el administrador del convento, un anciano de setenta años que, acompañado de unos porteadores armados, se situó ante la entrada de la iglesia. Como es bien sabido, las monjas, diestras en toda clase de instrumentos musicales, tocan ellas mismas su música en los conventos; a menudo con una precisión, una inteligencia y un sentimiento que se echan en falta en las orquestas masculinas (quizá por el género femenino de ese misterioso arte). Ocurrió, sin embargo, para agravar la situación de apuro, que la directora, la hermana Antonia, que solía dirigir la música en la orquesta, había enfermado gravemente unos días antes por causa de una fiebre nerviosa; de tal forma que el convento se hallaba en un considerable aprieto a la hora de ofrecer una obra musical adecuada, y no sólo por los cuatro hermanos blasfemos a los que se veía ya, envueltos en sus abrigos, bajo las columnas de la iglesia. La abadesa, que la tarde anterior había ordenado que se tocara una antiquísima misa italiana de un maestro anónimo con la que coro y orquesta a menudo habían conseguido los máximos efectos gracias a la especial santidad e intensidad con que estaba creada, envió, insistiendo más que nunca en su voluntad, una vez más a alguien a ver a la hermana Antonia para enterarse de cómo se encontraba: sin embargo, la monja que asumió el encargo volvió con la noticia de que la hermana yacía en un estado totalmente inconsciente y que de ningún modo se podía pensar en que dirigiera la música prevista. Entretanto se habían producido ya en la iglesia, en la que se habían ido presentando más de cien malhechores de todas las clases y edades, provistos de hachas y palanquetas, los actos más preocupantes; habían provocado de la manera más grosera a los porteadores apostados en los portales y se habían permitido las frases más descaradas e insolentes contra las monjas que, de vez en cuando, una por una, se dejaban ver, por asuntos piadosos, en las naves: de tal forma que el administrador se dirigió a la sacristía y rogó de rodillas a la abadesa que suspendiera la celebración y fuese a la ciudad para ponerse bajo la protección del comandante. La abadesa, sin embargo, insistió de manera inquebrantable en que la celebración organizada en honor a Dios había de llevarse a cabo; recordó al administrador su deber de proteger con su vida la misa y la solemne procesión que se realizaría en la iglesia; y ordenó a las monjas que temblando la rodeaban escoger un oratorio de menor calidad que se había cantado a menudo en la iglesia y empezar cuanto antes a ejecutarlo.

Las monjas se disponían a comenzar en el coro donde estaba el órgano, cuando de repente apareció la hermana Antonia, sana y robusta, aunque con cierta palidez en el rostro, y propuso interpretar la mencionada pieza musical italiana antigua en la que tanto había insistido la abadesa. A la pregunta sorprendida de las monjas de cómo se había recuperado tan de repente, respondió que no había tiempo para monsergas, distribuyó las partituras que llevaba bajo el brazo y se sentó, ardiendo en entusiasmo, al órgano para dirigir desde allí esa extraordinaria pieza musical. Acto seguido, algo así como un consuelo maravilloso y celestial inundó el corazón de las piadosas mujeres; la propia angustia que sentían se sumó para transportar sus almas, como sobre alas, por todos los cielos de la armonía: la misa se interpretó con el máximo y más maravilloso esplendor musical; no se oyó ni un respiro durante toda la representación en las naves y en los bancos; sobre todo en el *Salve regina*, y más aún en el *Gloria*, daba la sensación de que la iglesia entera, con más de tres mil personas en su interior, estuviese muerta; de tal forma que, a despecho de los cuatro malditos hermanos, no se movió ni una mota de polvo siquiera sobre el pavimento y el convento se mantuvo intacto hasta el final de la guerra de los Treinta Años, cuando, en virtud de un artículo de la Paz de Westfalia, fue a pesar de todo secularizado.

No obstante, el triunfo de la religión fue aún mayor, por cuanto sucedió unos días después. Porque el hostelero en cuyo establecimiento se alojaban los cuatro hermanos se dirigió al ayuntamiento debido al curioso y llamativo comportamiento de éstos y denunció a las autoridades que los jóvenes, según todos los indicios, debían de estar perturbados o enajenados. Explicó que, una vez acababa la festividad del Corpus Christi, regresaron en silencio y abatidos a su alojamiento, se sentaron, envueltos en sus oscuros abrigos, a una mesa, pidieron para comer sólo pan y agua y hacia la medianoche, cuando todo el mundo se había retirado a descansar, entonaron con voces horribles y terroríficas el *Gloria in excelsis*. Cuando él, el hostelero, subió con una lámpara para ver a qué se debía esa música tan peculiar, los encontró a los cuatro cantando de pie en torno a la mesa; tras lo cual, al dar las campanas la una de la madrugada, callaron, se tumbaron sin abrir la boca sobre el entarimado, durmieron unas horas y se levantaron con la salida del sol para empezar esa triste y árida vida monacal, a pan y agua. Durante cinco medianoches, explicó el hostelero, los oyó cantar el *Gloria in excelsis* con unas voces que hacían vibrar las ventanas de la casa; salvo ese canto no carente de cierta armonía musical, pero horrendo por entonarse a voz en cuello, no pronunciaban ellos ni una sola palabra; de tal forma que había de pedir a las autoridades que echaran de su casa a esas personas en las que sin la menor duda actuaba el espíritu maligno.

El médico, al que el consistorio, como consecuencia de ese relato, ordenó examinar el estado de aquellos jóvenes, no pudo, a pesar de todas sus indagaciones, averiguar qué les había sucedido en la iglesia, a la que en su momento habían llegado con los sentidos en perfectas condiciones. Se interrogó a algunos ciudadanos que durante la misa habían estado cerca de ellos; y los interrogados declararon que, al comenzar el oficio, los jóvenes habían gastado algunas bromas que perturbaban la ceremonia; pero que luego, al empezar a sonar la música, callaron del todo, se arrodillaron absortos uno tras otro y, siguiendo el ejemplo de los demás feligreses, rezaron a Dios. Poco después murió la hermana Antonia, la directora, como consecuencia de la fiebre nerviosa que la había mantenido postrada, tal como se ha mencionado; y cuando el médico, por orden del prelado de la ciudad, se dirigió al convento para echar un vistazo a la partitura de la obra musical interpretada en la mañana de aquel memorable día, la abadesa le aseguró que nadie en absoluto sabía quién había dirigido en realidad la misa desde el órgano. Por un testimonio ofrecido hacía unos días en presencia del administrador del convento y de otros señores, se demostró que, a la hora en que se ejecutó la pieza, la difunta yacía en un rincón de su celda, sus miembros totalmente inertes; una monja que, por ser pariente carnal de ella, le había sido asignada para velar su cuerpo, no se apartó de su lado durante toda la mañana en que se celebró la solemnidad del Corpus. Tras lo cual el arzobispo de Tréveris, al que se le relató el curioso suceso, fue el primero en pronunciar las palabras que la abadesa por diferentes motivos no se había atrevido a decir en voz alta: esto es, que la propia santa Cecilia había obrado ese milagro tan terrible y maravilloso a la vez. El papa, al cabo de varios años, lo confirmó; y muy al final de la guerra de los Treinta Años, cuando el convento, tal como se ha señalado, acabó secularizado, aún se celebraba, cuenta la leyenda, el día en que santa Cecilia salvó el cenobio gracias al misterioso poder de la música y se cantaba con serenidad y esplendor el *Gloria in excelsis*.

PROCEDENCIA DE LOS TEXTOS

SOBRE EL TEATRO DE MARIONETAS

Publicado en los números 63, 64, 65 y 66 de las *Berliner Abendblätter* los días 12, 13, 14 y 15 de diciembre de 1810.

Se ha especulado sobre quién podría ser el modelo del «señor C.» y se ha apuntado la posibilidad de que se tratara del bailarín y coreógrafo italiano Francesco Clerico (1755-1838), que actuó en Venecia, Nápoles y Milán. De ahí quizá el lugar («M...») en que transcurre la conversación.

Vestris: se trata de Auguste Vestris (1760-1842), bailarín y coreógrafo francés, considerado el «dios de la danza» en su época.

«Dafne... perseguida por Apolo»: es una alusión al ballet *Apolo y Dafne* estrenado el 3 de octubre de 1810 en el Real Teatro Nacional.

SOBRE LA REFLEXIÓN

Publicado en el número 59 de las *Berliner Abendblätter*, el 7 de diciembre de 1810.

TEATRO

Publicado en el número 4 de las *Berliner Abendblätter*, el 4 de octubre de 1810.

La obra de Julius von Voss se había estrenado en enero de 1810 y representado en numerosas ocasiones, entre ellas el 2 de octubre de ese mismo año.

La alusión a Kant no es de la *Crítica del juicio*, sino de *Antropología en sentido pragmático*, Königsberg, 1800.

COMENTARIO SIN IMPORTANCIA

Publicado en el número 15 de las *Berliner Abendblätter*, el 17 de octubre de 1810.

ESCRITO DE UN HONESTO BERLINÉS SOBRE NUESTRO TEATRO, DIRIGIDO A UN AMIGO EN EL EXTRANJERO

Publicado en el número 47 de las *Berliner Abendblätter*, el 23 de noviembre de 1810.

CARTA DE UN PINTOR A SU HIJO

Publicado en el número 19 de las *Berliner Abendblätter*, el 22 de octubre de 1810.

SENSACIONES ANTE UNA MARINA DE FRIEDRICH

Publicado en el número 12 de las *Berliner Abendblätter*, el 13 de octubre de 1810.

El cuadro del que se trata es *Der Mönch am Meer* (*El monje frente al mar*, 1808-1810) de Caspar David Friedrich, que se mostraba por esas fechas en una exposición de la Academia Berlinesa.

Días más tarde (en el número del 22 de octubre del periódico), Kleist señaló que el texto había sido escrito en un principio por Clemens von Brentano y Achim von Arnim, pero recortado luego por él mismo pues era demasiado largo. De hecho, es obra suya a partir de «Nada puede ser más triste e incómodo…».

Ossian era el heterónimo del poeta escocés James Macpherson (1736-1796), cuyo ficticio rescate y traducción de las obras del bardo céltico Ossian tuvo enorme éxito en la época. Ludwig Gotthard Kosegarten (1758-1818) fue un poeta y predicador que ejerció de pastor protestante en la isla de Rügen e influyó en el pintor Caspar David Friedrich.

SOBRE LA PAULATINA ELABORACIÓN DE LOS PENSAMIENTOS AL HABLAR

Escrito en la época en que Kleist permaneció en Königsberg, entre 1805 y 1806. Se publicó póstumamente, en 1878, en la revista *Nord und Süd*, editada por Paul Lindau.

El texto está dedicado a August Rühle von Lilienstern (1780-1847), militar prusiano, íntimo amigo de Kleist, que ayudó también económicamente al escritor.

«*quant au berger...*»: en cuanto al pastor [...] se puede decir [...] que merecía todo el mal [...] por ser de esa gente [...] que crea un quimérico imperio sobre los animales.

SANTA CECILIA O EL PODER DE LA MÚSICA

Escrito como regalo de bautizo para Cäcilie Müller, hija de Adam Müller, nacida el 17 de octubre y bautizada el 16 de noviembre de 1810. Kleist fue uno de sus padrinos. El texto se publicó en los números 40, 41 y 42 de las *Berliner Abendblätter*, los días 15, 16 y 17 de noviembre. Existe una versión posterior, más extensa, incluida en el segundo volumen de los *Erzählungen* [existe edición española: «Santa Cecilia o el poder de la música (una leyenda)», en *Relatos com-*

pletos, trad. Roberto Bravo de la Varga, Barcelona, Acantilado, 2011, pp. 283-297] de agosto de 1811. Se ha de señalar que Adam Müller se había convertido al catolicismo en 1805.

EN TORNO A UN HILO
de VICTOR MOLINA

I

«Todo aquel que cae tiene alas», dice Ingeborg Bachmann. *Jeder, der fällt, hat Flügel.* Y de entre todo aquello que en el mundo cae, existen unas marionetas que ineludiblemente lo hacen; se las conoce como «de hilo». Se trata de un tipo de marionetas cuya existencia está enteramente constituida en—y con—su caída. Por eso las marionetas de hilo fueron, durante mucho tiempo, las únicas que tenían pies. Las únicas instituidas en consonancia con el suelo, y las únicas que representaban el acto de caminar. Y el caminar—como sabemos—no es sino un escandido de caídas continuadas. Aparte de la complejidad psicomotriz requerida para emprender cada paso, el caminar por sí mismo es una sofisticada cristalización de caídas, una dialéctica de caer y atraparse, de perder el equilibrio y recuperarlo, tal y como por ejemplo lo describe Laurie Anderson en «Walking and Falling», de su álbum *Big Science*.

You're walking. And you don't always realize it
but you're always falling.
With each step you fall forward slightly.
And then catch yourself from falling.
Over and over, you're falling.
And then catching yourself from falling.
And this is how you can be walking and falling
at the same time.

[Caminas. Y sin apenas percibirlo | vas cayendo siempre. | A cada paso caes ligeramente hacia delante. | Y te atrapas enseguida para no caer. | Una y otra vez, vas cayendo. | Y atrapándote enseguida para no caer. | Y así es como puedes ir caminando y cayendo | a la vez].

Es verdad que el suelo en las marionetas de hilo—como apunta Kleist en su turbador ensayo «Sobre el teatro de marionetas»—es usado a la manera de las sílfides: que «necesitan el suelo solamente para rozarlo y animar así de nuevo, mediante ese momentáneo impedimento, el impulso de los miembros». Pero no menos cierto es que toda su movilidad depende de esa caída.

«Todo aquel que cae tiene alas». Y las alas de estas marionetas son extraordinariamente finas. Tienen el grosor de sus hilos. Son las alas más descarnadas que podemos imaginar. Como radiación central de su vida, el hilo atraviesa todo su ser. Resulta harto curioso, sin embargo, que en la época moderna, cuando se habla o se reflexiona sobre estas marionetas, pocas veces se diserta directamente sobre el hilo. El propio Kleist menciona en dos ocasiones la palabra *hilo* (*Faden*) en su ensayo. Y a pesar de que lo hace avalando sus efectos positivos en el movimiento conseguido, en esas dos ocasiones emplea frases en negativo. La primera para indicar que *no se requieren* tantos hilos como miembros tenga una marioneta; y la segunda para precisar que el marionetista con sus hilos *no tiene a su disposición más que el centro de gravedad* de la figura artificial. Mientras que sabemos, por otro lado, que ambas cosas—la ponderación de los hilos y el disponer del centro—son, para Kleist, condiciones que permiten un movimiento desafectado, y por tanto impregnado de lo que él denomina «gracia» (*Grazie*), la misma que ve perdida en los cuerpos descentrados por la conciencia, la misma que se ve malograda en quienes han perdido la inocencia.

II

Que por ese hilo que está ahí
se saque el ovillo de todo.

MIGUEL DE CERVANTES,
El Quijote

Al hablar de marionetas de hilo, los entendidos subrayan la importancia casi taumatúrgica de la cruceta o mando; o se detienen en las articulaciones de las figuras, en su iconografía, en sus técnicas de manipulación, en los teatrillos requeridos, en los serpenteantes caminos que ha seguido su historia. Pero, como objeto de reflexión, el hilo es desatendido. Como si su existencia fuera una peculiaridad colateral. Como si su presencia fuera una ausencia.

Y el simple hecho de que no siempre haya sido así, que en otro tiempo el sigiloso hilo fuera considerado lo principal de las marionetas, revela en su desaire actual un curioso síntoma. Como clandestino silencioso que el hilo es, la actual incapacidad de ver su fascinante impacto, su idoneidad para esconderse a sí mismo, de plegar sus filamentosas alas en la evidencia, de parecer invisible en su propia visibilidad, revela que el acento de la mirada actual está más bien puesto en el indicio de las causas y los efectos, que en las interrogaciones suspendidas.

Nunca las hebras y el hilo habían sido desestimados. No podían serlo. Su importancia capital en el ámbito de la historia, en los terrenos mítico y simbólico, y más recientemente en los estudios estrictamente etológicos, ha sido vigorosamente reconocida y resaltada. Por ejemplo, en su relación con la mano humana y el propio ordenamiento del *Homo sapiens*. En la mayoría de sus usos, el hilo depende de una gran habilidad manual y, en especial, del juego entre el índice y el pulgar, crucial en el proceso de hominización, como nos lo advierte Tim Ingold en su extraordinario estudio sobre las líneas, *Lines. A Brief History*, donde, tras constatar que el hilo es tan omnipresente en tres dimensiones como la línea en dos y que además está presente desde tiempos inmemoriales, nos recuerda que hay toda una escuela reciente de paleoantropólogos y etólogos que han observado que los primates—y de manera particular los grandes simios—usan fibras antes que herramientas, por más primarias que éstas sean. Saben hacer nudos con ayuda de las manos, la boca y los pies. Y si los primates lo hacen, se infiere que en sus albores el humano también pudo emplear hilos antes que instrumentos. De modo que el hilo formaría parte de su médula genealógica. Ciertamente no es una tesis del todo novedosa, ni reducida sólo a las investigaciones paleontográficas. A mediados del siglo XIX, y tras un extenso y detallado estudio comparativo, ésa fue también la conclusión del arquitecto hamburgués Gottfried Semper, que si bien es especialmente conocido por haber sido el arquitecto teatral de Richard Wagner, no lo es menos por haber escrito una capital y monumental obra sobre la relación de la arquitectura con otras disciplinas: *El estilo en las artes técnicas y tectónicas o Estética práctica* (*Der Stil in den technischen und tektonischen Künsten oder Praktische Aesthetik*), cuyo primer y extenso volumen está enteramente dedicado al arte textil, tanto considerado por sí mismo como en relación con la arquitectura. Con la intención de precisar el estudio de Gottfried Semper, esa misma tesis fue reforzada por el filósofo e historiador de arte austríaco Alois Riegl—al que Walter Benjamin tenía en alta consideración—, no sólo en su exhaustivo estudio sobre las antiguas alfombras orientales (*Altorientalische Teppiche*), sino también en su *Problemas de estilo. Fundamentos para una historia de la ornamentación* (*Stilfragen: Grundlegungen zu einer Geschichte der Ornamentik*). Y, por supuesto, aparece detalladamente formulada en las investigaciones sobre el surgimiento de lo textil. Entre ellas, las imprescindibles monografías de la arqueóloga Karina Grömer, las de la antropóloga, lingüista y experta en tejidos Elizabeth Wayland Barber, o las de la historiadora cultural Virginia Postrel. En todos sus trabajos se sostiene la misma tesis: las sociedades humanas únicamente han conseguido ser viables con el advenimiento del hilo, con su confección y, por supuesto, con sus usos.

De modo que sí, pese al error de Sancho en *El Quijote* al confundir *Fili* con «hilo», podríamos certificar con él que efectivamente del hilo se saca no todo el ovillo, sino «el ovillo *de todo*».

III

> La mano y los filamentos entablan una conversación personal e intransferible, un juego de indagación y ocultamiento fundado en el mayor poder del tacto: la capacidad de identificación.
>
> HUGO HIRIART, «En el circo de los hilos», *Disertaciones sobre las telarañas y otros escritos.*

Teniendo como referencia a las marionetas de hilo, el profesor Harry V. Tozer (a quien se le debe, entre otras cosas, un tipo de mando vertical de doble cruceta, muy difundido en un sector de marionetistas) solía decir: «Manipular es una rara y compleja especie de malabarismo». La comparación entre la manipulación y el ejercicio malabar no es infrecuente, pero ¿a qué complejidad y a qué rasgo insólito hacía referencia el maestro Tozer? ¿Qué malabares se llevan a cabo cuando el marionetista manipula? Lo hace con objetos, por supuesto, pero principalmente con distancias y, a través de ellas, con una peculiar y paradójica forma de identificación. El marionetista se (de)subjetiva cuando al manipular responde afirmativamente al reclamo sincrónico de dos lugares distintos de igual valor e importancia, razón por la cual, como en las superposiciones cuánticas en la que un único evento puede estar simultáneamente en dos estados completamente adversos, el marionetista está también donde no está, como sugiere esa fórmula de Valéry que por supuesto suelen invocar los marionetistas: «*Qui regarde sa main se voit être et agir là où il n'est pas*».

De manera clara y detallada lo explica Anton Bachleitner, director del Düsseldorf Marionetten-Theater, en palabras recogidas por Frank R. Wilson en su espléndido estudio *The Hand. How Its Use Shapes the Brain, Language, and Human Culture*:

Técnicamente lo más difícil es sentir el contacto de los pies con el suelo, como realmente sucede. La única manera de conseguir la ilusión de que la marioneta anda de verdad es *sentir* sus pies a través de tus propias manos..., [lo que] se descubre después de mucha práctica y una larga experiencia, es un cambio de visión.

Al cabo de algunos años, el mejor manipulador tiene que ser capaz de ver a través de los ojos de su marioneta. Es decir, debe aprender a situarse *dentro* del muñeco. Esto es cierto no sólo en el sentido tradicional del actor, sino en un sentido perceptivo inhabitual [...] La distancia hace que esto sea especialmente problemático, ya que la figura no se mueve al mismo tiempo que las manos que le dan vida.

Ese «sentido perceptivo inhabitual»—relativo a cómo se sortea la distancia entre mano y marioneta y cómo se consigue sentir *con* y *en* el objeto—alude a una experiencia insólita pero reconocible por cualquier manipulador, una experiencia que se suele alcanzar—y explicar—a través de la *transferencia del rol*, y a través de una *dilatación del yo*.

En su práctica docente, pero con mayor detenimiento en *El teatro imposible. Para una fenomenología del teatro de figuras.* (*Das Unmögliche Theater. Zur Phänomenologie des Figurentheaters*), Werner Knoedgen pone énfasis en el primero de esos procedimientos. Considera que el vínculo necesario entre la fisicalidad del objeto, por un lado, y la técnica de manipulación, por el otro, se ajusta a la dialéctica entre la materia y el espíritu. Y la síntesis resultante de esa oposición sería la percepción de la acción a través de la figura performática, es decir, mediante el rol del personaje. Esto es sólo posible gracias a la transferencia de la acción del sujeto al muñeco, lo que no se consigue sino a través del hilo. El manipulador debe hacer llegar (*trans mittere*) el rol al objeto, no como un contenido a un recipiente, sino—parafraseando a Brecht—para «citar» el personaje *en* y *con* la marioneta. Y para ello debe encarar esa «distancia problemática» referida por Bachleitner precisamente como un «distanciamiento» de tipo brechtiano (*Verfremdungseffekt*), que resuelve pero no anula la separación de los dos elementos en juego. Por ese motivo, para designar esa síntesis, Knoedgen hace uso del concepto hegeliano de *Aufheben*, término que—como se sabe—tiene a la vez los sentidos de asunción y de abolición; de preservación y de privación.

El segundo perfil de ese «sentido perceptivo inhabitual» tiene que ver con aquello que la fenomenología entiende como espectro de la experiencia *del sentir en un lugar lo que sucede en otro.* Se trata de una dilatación de los sentidos, por ejemplo: el «ser capaz de ver a través de los ojos de la marioneta» o el sentir hápticamente sus pies al rozar el suelo. Dos pericias que—según los expertos, y entre ellos Bachleitner—son de especial exigencia y dificultad, y asequibles al marionetista sólo si éste atiende a la poética vibratoria de su instrumento, haciendo del hilo una extensión inorgánica del tacto, una prolongación de su cuerpo. De la misma manera que la mano que agarra la empuñadura de un bastón, al tocar éste con su punta una superficie rugosa, siente esa rugosidad, el marionetista siente arriba y abajo al mismo tiempo. La explicación científica de este hecho tiene que ver con los diversos receptores del cuerpo humano, los corpúsculos de Meissner, los de Ruffini, las células de Merkel, y, de manera especial, los sensores táctiles de Pacini, que detectan casi cualquier estímulo vibrátil. Pueden detectar un movimiento de sólo 0,00001 milímetros. Y ni siquiera requiere contacto físico material con aquello que debe identificar. David J. Linden, en su libro *Touch: The Science of Hand, Heart, and Mind*, alude a la experiencia de hundir una pala en la grava o en la tierra blanda, y la facilidad de identificar la diferencia incluso sin incidencia visual y de que lo único que toque la mano sea la pala. Con la práctica, nos explica Linden—y gracias a la hipersensibilidad de los corpúsculos de Pacini y a una destacada habilidad profesional—, se puede conseguir que el arco del violinista, el bisturí del cirujano o el cincel del escultor se conviertan efectivamente en extensiones sensoriales del cuerpo, y por supuesto también puede ser así con el mando del marionetista, aunque en este caso con un doble grado de dificultad, puesto que esa especie de relación electrodérmica de su circuito ha de atravesar el hilo y luego la rígida cruceta para que la vibración del muñeco al rozar el suelo alcance la susceptibilidad de la mano. Suelo, muñeco, hilo, cruceta, mano Pero recordemos que es una reacción bidireccional, ya que la manipulación y con ella la transferencia del rol viajan también desde el marionetista hasta la figura, sin tocarla directamente, porque lo hace mediante el cableado que le ofrece el hilo, sin olvidar tampoco que «el muñeco no se mueve al mismo tiempo que las manos que le dan vida».

Así que, efectivamente—como señalaba el maestro Tozer—, sólo pueden ser raras y complejas las peculiaridades de los malabares realizados por el marionetista.

IV

> Yo conozco el hilo tensado en el que son intrigados los seres vivos; yo conozco el hilo del hilo; e igualmente conozco al gran Brahman.
>
> *Atharvaveda*, X, 8, 38

El pensamiento mítico diagnosticó las dos propiedades opuestas del cordel según una clasificación fundamental: por un lado, su atributo de maleabilidad, de viraje y giro; su capacidad de atar y de anudarse; y, por el otro, su potencia axial, su idoneidad de rectitud, su erigirse en eje vertical. En el primer caso, el hilo se ensalza como emblema de lo femenino y de la hechicería (unidas ambas en la figura de la tejedora). En el segundo, se valora simbólicamente como masculino, y se le declara propio del mundo de los constructores (unidos en la imagen arquetípica del marionetista, del arquitecto y, a veces, también del carpintero).

Al reparar en la maleabilidad del hilo, la atención se traslada fundamentalmente al *tejido* y a las *hilanderas*, las *urdidoras*, de quienes la diosa hechicera Circe es la representante por antonomasia. Es cierto que el mito de Aracné es también permanentemente referido al hablar del mundo de las tejedoras. Este mito aparece, por ejemplo, en uno de los planos de *Las hilanderas*, el célebre cuadro de Velázquez, cuyo primer título fue justamente *La leyenda de Aracné*. Si bien es verdad que Victor Stoichiță, en su extraordinaria lección inaugural al Collège de France dedicada precisamente al análisis de este cuadro, remite su tema a otro principio mítico. A través de *Las Metamorfosis* de Ovidio, señala su relación genealógica con las Miníades, que en vez de celebrar las fiestas dionisíacas, se encierran a tejer. Stoichiță sostiene incluso la hipótesis de que Aby Warburg no consiguió dar un lugar en su *Atlas Mnemosyne* a este cuadro de Velázquez precisamente por no reconocer esa fuente mítica, aunque consciente de su carencia, el propio Warburg animó a su discípulo Fritz Saxl a emprender un viaje a España para estudiar la obra en cuestión, y éste, tras contemplar *Las hilanderas* le escribió exasperado a su maestro: «*Kein*

Mensch unserer Generation kann etwas mit ihnen anfangen» ('Nadie en nuestra generación puede entenderlas'). Stoichiță concluye que los diversos escenarios en que ahí aparece el hilo, los relatos míticos sobrepuestos, y los diferentes planos de la propia imagen, así como la meta-representación—es decir, la representación de la representación clásica, tan ampliamente celebrada en *Las meninas*, del propio Velázquez—son los cuatro elementos que confieren un tono de desmesura a las diferentes líneas narrativas de *Las hilanderas*. Por su parte, en *La nube del telaio*, el erudito italiano Elémire Zolla explica que en la tradición griega es en esencia la diosa hechicera Circe (*Kirkê*) la que teje (en griego: *kerkizei*), y lo hace cantando dulcemente. Y no teje simples paños, sino que configura el tapiz de lo que quiere mágicamente que suceda: «El suyo es el arcaico telar impetratorio y oracular, máximo instrumento de magia de las sacerdotisas femeninas, de los cuales queda huella en el relato de Penélope». Zolla especifica que ello deja trazos en la propia noción de lo que es una mujer casada según muchas tradiciones, señalando, por ejemplo, que *Weib-weben* en alemán y en inglés *wife-weaven* subrayan claramente la afinidad entre mujer y tejedora. Aunque lo peculiar de esos mitos—concluye—es la forma orbital con la que es usado el hilo, siempre en relación con el círculo y con el viraje. De ahí que en griego se refieran las diversas formas orbitales aludiendo al nombre de Circe. «Anillo» o «argolla» es *kirkos*; el «halcón»—que vuela dibujando círculos—, *Kerkax*, y el nombre de la propia lanzadera para tejer, *kerkis*. De esta raíz provienen «circo», «circuito» y, por supuesto, «círculo», que es la forma orbital perfecta. Y todo círculo, aparte de ser *fili*forme, suele ser considerado en ese universo la guarida del gran arcano. Como sucede con el glorioso arquetipo de la serpiente que se muerde la cola, nido universal que todo sostiene, y que invoca la potencia germinal (el eterno retorno) en el pensar simbólico; aquello que trasciende todo fin. Lo que transforma lo funesto en fértil gesto.

Las marionetas de hilo conocen también esa contundencia cíclica, pero soportada en la verticalidad. Hay una escena que reaparece en versiones distintas y con variantes singulares en los repertorios de marionetas del mundo entero. Una escena que parece una nota a pie de página de su marca genealógica; una escena sobre la caída. En algunos de sus escritos sobre literatura infantil, juguetes y marionetas, Walter Benjamin recoge tres modalidades de esta historia: «Sale a escena el Kasperl, bailando con una hermosa dama. De repente, mientras la música toca la melodía más dulce, la dama se transforma en un globo que sube al cielo con Kasperl, a quien abraza amorosamente, y no lo suelta. Por un minuto el escenario queda vacío; luego Kasperl cae estruendosamente desde lo alto». La segunda de estas versiones, también ofrecidas con marionetas de hilo: «Una niña, con el aspecto de una princesa encantada, toca una triste melodía en un organillo. De repente el organillo cae en pedazos; de ellos salen volando doce minúsculas palomas. La princesa se hunde en la tierra muda, con los brazos en alto». Y la última: «En el escenario, un larguirucho payaso se inclina ante el público y empieza a bailar. Mientras baila cae de su manga un payaso enano vestido igual que él, con un disfraz floreado en rojo y amarillo. Y en cada duodécimo compás de vals, cae otro, hasta que al final doce payasos enanos o bebés, exactamente iguales, bailan en torno suyo».

¿Qué nos lleva a pensar que esa escena—una forma aparentemente inocente de *katabasis*—revela la huella genealógica de las marionetas de hilo?

Se ha de tener presente que con la verticalidad del hilo el pensamiento mítico reconoce la importancia de unir los principios atávicamente opuestos de lo alto y lo bajo, del suelo y el cielo, con cualquiera de sus valores asignados. De las variadas figuras que asume esa ligadura, recordemos, con Mircea Eliade, el «milagro del cordel», presente en innumerables culturas, pero divulgada en el imaginario popular como nigromancia de faquir. Danilo Kiš nos regaló una exquisita traslación de ese milagro en su magistral relato «Simón el Mago». Pero, como todo mito, la narración se dispone en numerosas versiones. Un cordel, en su estado natural de laxitud, se erige progresivamente hasta hacerse rígido como un bastón, para ascender a continuación poco a poco a los cielos, llevando consigo al faquir que lo ha animado, o a un discípulo de éste. Entonces sucede algo aún más inesperado. O bien porque alguien desde abajo lanza un cuchillo hacia lo alto, o bien simplemente de un modo no visible a los ojos de quienes se han quedado en tierra, el cuerpo que ha ascendido aferrado al cordel cae despedazado al suelo en un peculiar esparagmos (*sparagmós*). En este caso, el cuerpo destrozado es cubierto con un paño y, bajo el aliento susurrado de una fórmula mágica, el cadáver se levanta íntegro y hasta vitalizado, como si nada hubiera pasado, como si no hubiera estado desmembrado. Existe la versión en que el cordel es un hilo que se lanza a lo alto y una de sus puntas se queda colgada de una nube, para ejercer después el mismo efecto de atracción fatal al faquir. Otra versión utiliza, en vez de nube, la globulosa frondosidad de la copa de un árbol (o al árbol en su integridad, que asciende desde el suelo y se regenera a partir de otoño, que es cuando caen las hojas muertas). Pero siempre con el mismo efecto: alguien sube y cae después despedazado o muerto, para ser a continuación revitalizado.

Aparte de lo que los mitos dionisíacos nos dicen sobre este hecho catastrófico (*katastrofikós*) y primaveralmente regenerador, el hilo, y en el fondo todo emblema que une cielo y tierra, no es otra cosa—explica Eliade—que un *axis mundi*, un símbolo ubicuo presente en numerosas culturas que expresa la conexión energética entre bóveda celeste y parcela terrestre. Su versión más delicada es la del imperceptible hilo; y quizá las más contundentes sean la de la torre de Babel o las de las pirámides mesoamericanas, que simbolizan la dualidad de Quetzalcóatl, el dios fertilizador, cuyo cuerpo une el mundo celeste, representado por el ave (*quetzal*), con el mundo terrestre, representada por la serpiente (*coatl*), un dios que—como el dragón—es suma de escama y pluma.

También es en relación con esa verticalidad del cordel donde adquieren sentido las marionetas de hilo en épocas inmemoriales; épocas en que justamente el demiurgo es identificado con el marionetista y con el constructor, razón por la cual a ambos se les conoce en la antigua India con el mismo nombre sánscrito, *Sū tradhāra*, 'el amo de los hilos'. *Sū tradhāra* es marionetista y *Sū tradhāra* es igualmente arquitecto o constructor. La razón de esta designación se encuentra en el sentido inicial de la palabra *cordel*, *Sūtra*, que a su vez proviene del verbo sánscrito *sūtr*, que significa 'unir', 'mantener relacionadas dos cosas'. Es un verbo que se trasladó al latín casi sin variación como *sutor*, de donde provienen *suturar* o *coser*. Por eso arquitecto y marionetista, que usan el hilo como plomada o como *axis mundi*, representan al demiurgo, cuya función generadora procede del unir (*sūtr*) el arriba con el abajo. En su verticalidad, el *axis mundi* es el equivalente al huso cósmico, figura mítica del falo metafísico, pero también del ónfalo universal, tanto en su representación más contundente y pesada como en la más fina e imperceptible. En cualquier caso, esa ligadura vertical entre lo alto y lo bajo es tan inconmensurable, tan mistérica e inconcebible como la hipotenusa pitagórica en su momento. Y no puede no serlo. En su interior se esconde el destino fertilizador de la muerte, el destino productivo de la caída, una abonada fatalidad que se cierne en todo «levantamiento», y que se representa con el universo performático de una marioneta o con el sentido de una edificación.

V

> Hay hilo,
> otro hilo.
> La palabra silencio
> dentro.
> Dentro de uno—¿uno?
>
> CHANTAL MAILLARD,
> *Hilos*

Respondiendo a una invitación del Carpenter Center for the Visual Arts de la Universidad de Harvard, a mediados del 2004, Pierre Huyghe, ensayista, poeta y artista visual francés, presentó una película titulada *This is not a time for dreaming*. La película exhibe un espectáculo de marionetas de hilo. Fue concebida como parte de una exposición sobre uno de los últimos proyectos arquitectónicos de Le Corbusier. Precisamente el del diseño y la edificación del Carpenter Center for the Visual Arts de la Universidad de Harvard, proyectado y construido entre 1959 y 1963. La pieza de marionetas está acompañada con música de Iannis Xenakis y Edgar Varese, quienes por aquel entonces, junto con Le Corbusier, habían presentado un pabellón que pretendía unir las diferentes artes, y en especial la música y la arquitectura, en la Exposición Internacional de Bruselas de 1958, el «Pavillon Philips, Poème électronique».

La obra de Huyghe no se limita a exponer la historia de la construcción del edificio de Le Corbusier, sino que se adentra en el inquietante arcano que recorre el proceso de la creación artística. Desde sus empíricas y palpables condiciones de producción, que lo supeditan y contextualizan, hasta las metaempíricas—e incluso accidentales—situaciones de «inspiración» o «iluminación», que lo liberan y lo extraen de su entorno. En la pieza de marionetas aparecen cada uno de los implicados en ese proyecto, entre ellos Josep Lluís Sert, especialista en Le Corbusier y entonces titular de la cátedra de composición arquitectónica en Harvard; aparece también una figura abstracta llamada Mr. Harvard, que representa los oscuros vericuetos de la institución; e incluso comparecen como marionetas cada uno de los personajes que giran alrededor de todo el proyecto conmemorativo, incluyendo a los comisarios de la exposición final, Linda Norden y

Scott Rothkopf, así como al propio Pierre Huyghe, y—junto a ellos—un misterioso pájaro rojo. Esta última figura alude, por un lado, al cielo, a la idea de elevación, pero también a una intención muy concreta de Le Corbusier, quien tenía la esperanza de que las semillas naturales, traídas por los pájaros, pudieran fertilizar y cubrir con el tiempo la terraza del Carpenter Center con una frondosa vegetación. Y aludiendo a ello, el propio Pierre Huyghe construyó—cubierto de unos arácnidos follajes—el blanco pabellón geodésico en el campus de Harvard que habría de servir de teatro para presentar su película.

Narrativamente consciente de la ecoicidad de su tema, que consiste en representar el proceso de creación dentro de una creación consciente de ello, esta obra se vuelve sobre sí y sobre sus propios personajes, y termina desdoblando todo lo que aparece en su interior. Como si pretendiera marionetizar cada umbral narrativo. Al pensar sobre su propia creación, por ejemplo, el personaje Le Corbusier (la marioneta LC-1) termina manipulando una marioneta que es una réplica de sí mismo, pero más pequeña (LC-2). Y otro tanto le sucede a la marioneta Pierre Huyghe (PH-1), que manejará un Pierre Huyghe aún más pequeño (PH-2), quien, por su parte, hará lo propio con otra figura minúscula de Le Corbusier (LC-3)..., todo se fracciona de un modo que recuerda las escenas descritas por Walter Benjamin. Como se multiplica igualmente el hilo de la narración, trenzando su reverberante red en las vías de la historia, y en las posibilidades inabarcables de representación escénica. El propio edificio se vuelve marioneta de marionetas. Todo se ramifica en una pluralidad. Nada es único. El hilo abriga la otredad.

Huyghe sabe que el hilo alberga el impulso y el proyecto que lo empujaron a ser. Por ello decide que las marionetas sean de hilo—no títeres de varilla, ni de guante, ni de manipulación externa, sino de hilo—, para acentuar precisamente la arcaica naturaleza de aquel ya remoto demiurgo, a un tiempo arquitecto y marionetista. Mientras que el pájaro, cuyo vuelo es una extensión simbólica del hilo, aparece en escena igualmente como metáfora del vuelo creativo y, sobre todo, como el medio con el que los ciclos evolucionan. La pequeña semilla que ese pájaro debe dejar caer en la parte superior del edificio alberga lo grande como posibilidad. Y su fértil estallido equivale al cadáver del faquir que resurge esplendorosamente íntegro después de haber sido despedazado. El misterio de la diosa Ceres. Todo es uno.

VI

> *Elephants are always drawn smaller than life, but a flea larger.*
>
> ['Los elefantes siempre se dibujan más pequeños que en la vida real, pero las pulgas siempre más grandes'].
>
> JONATHAN SWIFT,
> *Thoughts on Various Subjects*

A nadie sorprende que, con la modernidad—una vez privadas de su vínculo con lo sagrado—, las marionetas hayan terminado relegadas a un «mero» divertimento, y que esa transmutación haya traído consigo un antropocéntrico ajuste de su magnitud. Si bien, al examinar la cuestión de su dimensión, incluso reduciendo este ejercicio exclusivamente a las marionetas de hilo, no se puede dejar de evocar el giro que a este respecto produce el gigantismo de las criaturas con las que trabaja Royal de Luxe. Allí donde esas enormes figuras de cordel aparecen accionadas por una miríada de sogas y de agitados manipuladores, o incluso con su pura presencia inmóvil cuando esas enormes marionetas están en reposo, terminan por coronar el silogismo de la—llamémosla así—«ontología circunstancial» de Jonathan Swift. Una ontología que certifica que nada es por sí mismo algo. Nada ni nadie tiene un atributo por sí, sino siempre en función de «al lado de qué o de quién se esté». De modo que los edificios de nuestras ciudades, sus automóviles y sus árboles, las calles y su alumbrado, los contenedores y las rotondas, y por supuesto sus habitantes, humanos o animales, se ven inmediatamente convertidos en miniaturas, en menudencias liliputienses. A su lado, todo el universo cotidiano adquiere de pronto una especie de naturaleza marionetística. Y a pesar de su apacible y benigno aspecto, esas enormes figuras de Royal de Luxe hacen caer al ser humano del peldaño donde estaba. Su pequeñez y su insignificancia se ven enfatizadas por el efecto de una concatenación.

Pero, paradójicamente, algo semejante sucede también con las marionetas de escala reducida. Al reparar en su frágil dimensión, parece casi inevitable recordar una de las reflexiones que Walter Benjamin consagró a la talla de los juguetes. Sostiene Benjamin que cuando un adulto juega con objetos pequeños no significa que haya caído en los nostálgicos brazos de su extraviada infancia o que haya sucumbido a un súbito arrebato de infantilismo. Para Benjamin, por el contrario, se trata de un apodíctico gesto de huida; un intento—o incluso una necesidad—de sortear la impronta del desamparo o la dimensión de una angustia.

Las miniaturas, las maquetas, las marionetas, el arte minúsculo (todo el acopio de figuras estimadas por la micrología benjaminiana) adquieren, desde esta perspectiva, un peculiar sentido de cobijo ante un mundo que le queda grande al ser humano. Pequeñas madrigueras o quizá breves líneas de fuga. Es una tesis que se ve pormenorizadamente desarrollada en dos magníficos libros, ambos titulados *Micrologías*. El primero, de Marianne Schuller y Gunnar Schmidt,

Mikrologien. Literarische und philosophische. Figuren des Kleinen ('Micrologías. Figuras literarias y filosóficas de lo pequeño'), analiza las peculiaridades poéticas y filosóficas de lo breve y de lo pequeño en autores como Kafka, Kleist, Benjamin, Beckett, Marinetti, Virginia Woolf... Observaba T. S. Eliot que cuanto más grande se hace el mundo (cuanto más globalizado es), más tiende el arte a recogerse en una estética de la condensación, y aunque lejos de toda intención poética, eso mismo parece suceder en ámbitos digitales de la comunicación, como en el actual caso, por ejemplo, de X (el antiguo Twitter, aunque valdría lo mismo para los *reels* de Instagram o de TikTok), tema analizado igualmente por Schuller y Schmidt en su estudio. El segundo libro es el del profesor Federico L. Silvestre, *Micrologías o breve historia de artes mínimas*, que pasa revista a algunas experiencias estéticas del miniaturismo, y a algunos teóricos que han reflexionado desde—o sobre—el empequeñecimiento en diferentes campos.

Lo primero que destaca en estas dos obras es el amplio y diversificado cortejo de preocupaciones al respecto, que va desde las «micrologías» de Cristóbal Serra hasta la «monadolología» de Leibniz, desde las «historias abreviadas» de Vila-Matas hasta el teatro sintético del futurismo, desde «la miniatura» de G. Bachelard hasta las «migajas filosóficas» de Kierkegaard, desde la «microhistoria» de Carlo Ginzburg hasta el maquetismo y al modelismo en Albert C. Schmidt... Todo un abanico poblado de objetos y reflexiones que expresan la vocación de una *reductio* genealógica, a la que no es ajena la «microesferología» de Peter Sloterdijk. Y todas esas aproximaciones a lo menor y a la miniatura coinciden al observar que esa escala no sólo se enfrenta al patrón narcisista de los seres modernos, sino que se trata también de una de las posibilidades de éstos para afrontar lo que no pueden mesurar.

En alguna parte Giorgio Agamben recuerda que teológicamente el destino de los ángeles es la vida destituyente o inoperativa, y éste—como se sabe—es un concepto que, en su obra, el filósofo italiano opone a la ontología de la operatividad—o de lo instituyente—que domina la teología gubernamental de la política y de la lógica del poder actuales. En cierto modo, se podría decir algo semejante respecto a las miniaturas, exiguos ángeles de la inocencia, que parecen tener el mismo designio: hacer inoperativa la envergadura ontológica del antropocentrismo. Nueva perspectiva, por tanto, bajo la que ver el juego de las marionetas profanas. No ya como un divertimento meramente secular, sino como refugio y posible sedación del hombre ante la brutalidad de los dioses muertos o la consternación del mundo laico. Pero también como una renovada perspectiva del ser humano, que, al encontrar refugio en lo pequeño, delata otra talla, pues como reza el proverbio francés: «A pequeño pájaro, pequeño nido» (*A petit oiseau, petit nid*). Y como sucede en los cuentos crueles de Villiers de L'Isle-Adam, donde los que huyen caen directamente en los brazos de aquellos de quienes necesitar escapar, o como—según Kierkegaard—habría pasado con el destino del propio Jonathan Swift («Se dice que en la vejez se realizan los sueños de la juventud. Esto se ve muy bien en el caso de Swift. En su juventud construyó un manicomio y se encerró en él los últimos años de su vida»), el hombre construye marionetas y termina como una de ellas. Y lo que en principio ocasiona el péndulo ontológico que parece dar razón a Jonathan Swift, revela finalmente que en cualquier escala el hombre es simplemente la figura más sobreestimada de su propia historia. Incluso y sobre todo respecto a sí mismo. A no ser—precisa Kleist—que se mantenga resguardado en la inocencia, el estadio previo a la conciencia y al conocimiento, o bien, que se ahonde en la danza, cuyo ejercicio merma la reflexión, pues, como advierte el narrador de «Sobre el teatro de marionetas», «a medida que, en el mundo orgánico, la reflexión se vuelve más oscura y débil, más radiante y dominante se manifiesta allí la gracia». Entre tanto, la *gracia* de las marionetas parece resaltada no en las de mayor tamaño, sino «en particular en las más pequeñas» (*besonders der kleineren*).

VII

Ursprünglich hiess nicht dasjenige Labyrinthos, was auch durch den Tanz vergegenwärtigt wurde.

['Originalmente no se llamaba laberinto aquello que también se representaba mediante la danza'].

KARL KERÉNYI,
Labyrinth-Studien. Labyrinthos als Linienreflex einer mythologischen Idee

En su amplia y muy variada producción—arte conceptual, micro y macroescultura, *video art*, *land art*, *performance*, música, arte instalativo—, Dennis Oppenheim utilizó muñecos y marionetas en varias de sus obras, como en *Attempt to Raise Hell* (1974), en *Table Piece* (1975) o en *Circle Puppets* (1994), por mencionar algunas. Pero la que interesa aquí—por su relación con el baile y por tratarse de marionetas de hilo—es *Theme for a Major Hit* (1974), una instalación en la que se distribuyen veintidós marionetas idénticas en una amplia habitación, todas de igual tamaño (unos 80 cm de altura), todas con el mismo rostro del artista y todas ataviadas con el mismo tipo de trajes de fieltro (aunque en ocasiones de colores diferentes). Son marionetas articuladas que, suspendidas del techo y separadas unas de las otras, se ven accionadas por motores a través de hilos. De manera ininterrumpida, y zarandeándose o zapateando el suelo como almas condenadas a bailar de por vida, protagonizan una ominosa y extrañamente desafectada danza. El grupo entero se mueve al ritmo de una canción escrita por el propio Oppenheim, en cuya interpretación participan otros dos prestigiosos artistas plásticos de su generación, Roger Welch, que toca los instrumentos de percusión, y Bill Beckley, la guitarra. El estribillo de la canción inquiere sobre qué es lo que nos conduce a realizar cualquier proyecto: «*It ain't what you make, it's what makes you do it*» ('No es lo que haces, es lo que te hace hacerlo').

Al cuestionarse sobre la naturaleza expansiva de las instituciones museísticas contemporáneas y de los múltiples requerimientos que éstas hacen a los creadores (con un efecto necesariamente disgregador, que en este caso es a lo que parece aludir también la pluralidad de marionetas idénticas que representan al propio artista), Oppenheim responde con la ironía de este *Theme for a Major Hit*. El título parodia el *hit* musical, pero sólo para señalar la obsesión por la celebridad que envuelve al sector museístico. Es una obra con la que se perfila la doble línea que termina sometiendo la soberanía del universo artístico al influjo de una alardeada coreomanía, en la que, con frecuencia, se confunden contexto con mérito y mérito con éxito.

Pero la marionetización del mundo no necesariamente ha de tener consideraciones negativas. Es cierto que debemos convenir con Samuel Beckett cuando dice—parodiando el ocasionalismo (o como él solía llamarlo: «el mundo guiñol») de Arnold Geulincx—que incluso en nuestra «imposible soledad» no nos movemos, sino que somos movidos. Pero, aun así, el destino de todo aquel que baila forzado por los hilos manejados desde fuera puede convertirse en valor dancístico positivo. Esto es lo que parece inferirse de tres instalaciones de William Forsythe protagonizadas por cuerdas, que fuerzan a sus visitantes a aceptar el favor de convertirse en cuerpos manipulados.

Scattered Crowd (2002) es una instalación confeccionada con miles de globos blancos atados a hilos tensados entre el techo y el suelo. Ninguno de ellos está inflado con helio, pero se suspenden en el aire como marionetas espirituales amarradas a los hilos. Frágiles cumulonimbos colocados en los *axis mundi* de un museo donde, debido a la ligereza del aire que contiene cada globo, la no menos liviandad de su materia y la maleabilidad del hilo que los liga, las dúctiles columnas responden de inmediato a la presencia y al tránsito de los visitantes, que con sus recorridos aleatorios, sinuosos e intrincados—porque han de pasar entre las numerosas pilastras de globos—, generan una coreografía de apneas y de alientos. Visitantes y espacio se coafectan mutuamente, simpatizan en el sentido etimológico del término (*sympátheia*). Cuando en el bosque de hileras blancas se abre una estela tras el paso de un visitante, la fila vecina se estrecha, y la disposición del dédalo circundante se reacomoda, haciendo que otras zonas más lejanas se dilaten al cabo de un tiempo, o que otra área se mantenga en precario suspenso. En una especie de danza cósmica isabelina, son uno solo el ondular de los cuerpos humanos, el balanceo de los materiales y la modificación del propio espacio. Todo se esparce, como reza el título de la pieza, *Scattered Crowd* o 'Multitud dispersa'.

Muy distinta parece *The Fact of Matter* (2008), pues el material empleado en esta instalación no es ingrávido o ligero como los globos, sino rotundo. A lo ancho y largo de una habitación, o de un amplio pasillo, cuelgan del techo—a diversa altura—decenas o incluso centenas de anillas de gimnasia, que el visitante ha de usar para atravesar el espacio. Lo hace en función de sus capacidades físicas, asiendo las anillas con las manos, apoyándose en ellas con los pies, o combinando todo tipo de recursos. Pero sea como fuere, el quid de la cuestión (*the fact of the matter*) radica en que participe en un dispositivo coreográfico cuya intención es someter al cuerpo a un desafío cinético. Lo fuerza a reconocerse en ese frondoso contorno; a sumergirse en inesperados fraseos, en anacrusas gestuales y en toda una inteligencia somática (y no cerebral) que emerge ante cada confrontación; es decir, lo confabula con el baile al enhebrarlo en una inevitable coreografía. Igual que con *Nowhere and Everywhere at the Same Time* (2013), que despliega otra danza entramada con cuatrocientos pequeños péndulos de metal colgados del techo, controlados por motores y que ocupan una amplia área. A la entrada se ha advertido a los visitantes que al atravesar ese sitio deben eludir los hilos y los péndulos, cuyo ritmo varía continuamente, de modo que todo el espacio se ve modificado no sólo con la cadencia de las oscilaciones, sino incluso con la intervención de los participantes, su circulación, sus giros, sus inesperadas rutas...

Admitiendo una amplia carga metafórica en su condición fluídica, las instalaciones de Forsythe incitan a los visitantes a decir sí a la virtud no tanto de moverse, como a la de ser movidos. En una especie de «laberintología» performática—para emplear una categoría puesta en circulación por Peter Sloterdijk—, Forsythe coreografía objetos suspendidos con cordeles para hacer del visitante una marioneta. Pero una marioneta mutada—incluso en nuestros tiempos laicos—en «marioneta de dios» (para usar la frase de Nijinsky), en una marioneta que se encuentra con lo elemental y con lo primario.

VIII

Some falls are means the happier to arise.

['Algunas caídas son medios para elevarse a una mayor felicidad'].

WILLIAM SHAKESPEARE,
Cymbeline, IV, 2

Se suele considerar al suelo como el negativo fotográfico del cielo, y buena parte de la literatura teológica ha insistido en ello. Las marionetas de hilo, sin embargo, ponen en tela de juicio ese balance. Podría decirse, tomando prestada la contraposición diagnosticada por Agamben en *L'uomo senza contenuto*, que entre las huracanadas alas del ángel de la historia de Benjamin, que no le consienten poner pie en tierra, y la plúmbea lasitud de alas del ángel melancólico de Durero, que no le posibilitan abandonarla, la tensión de las alas-hilos de la marioneta le permite en cambio las dos cosas a la vez: por un lado, rozar el piso y, por el otro, apoyándose transitoriamente en él, impulsarse hacia arriba. Se diría que salta, pero lo hace sin caer de nuevo al suelo de manera plena. Saltar, por lo demás, es un término relevante. Plutarco recordaba, en sus

Charlas de sobremesa (*Quaestiones convivales*), que el movimiento (*kinesis*) de—y en—la danza (*orchēstýs*) tiene un carácter especial, por lo que se le da el nombre de *phorá*, que significa 'llevar', 'dejarse llevar' o incluso 'ser llevado'. La danza es un arte que, como la música, tiene una pura continuidad (un ritmo), y una suspensión figural (la melodía, en el caso de la música); pues bien, el dibujo conseguido en la danza—su figura coreográfica—es *schēma*, mientras que la intensidad de su continuidad cinética, aquello que conduce el cuerpo a otro lado, es decir, los impulsos propios y exclusivos de la danza, son *phorai*. No es raro que este término griego se identificara en latín con el universo semántico de *salīre*. Y cabe recordar que *saltare* tiende a sustituir a *salīre* (como *cantāre* a *canere*) y ello es lo que confiere a *saltar* el sentido técnico de 'danzar'. De ahí que, en latín, *saltātor*, *saltrix*, *saltiō*, *saltiuncula*, *saltōrius*, *saltus*, *salūs*... estén todas ellas relacionadas con la *danza*. Como en *De saltatione*, de Luciano di Samosata, por ejemplo, o en *De arte saltandi et choreas ducendi*, de Domenico de Piacenza. Un salto es una suspensión pasajera, una gravidez transitoriamente suspendida. Pero—de nuevo—su significado original es 'salir'. Quien baila salta y, por tanto, sale; quien baila encadena de manera sucesiva una serie de salidas sin fin. Como los incorporales o el sentido del *Aión* en los estoicos, la danza elude la presencia y el presente. Danzar es eludir la presencia sin parar. Y, como es de sobra conocido, a aquellos que con gran virtuosismo eludían su presencia o encadenaban salidas de sí en el estrecho espacio de un banco se los conocía con el nombre de *saltimbanquis*. Aunque, en realidad, pese a poder ejemplificar una forma singular de saltimbanquis, las marionetas por sí mismas no bailan. Quien baila es el marionetista, nos recuerda Kleist. Las marionetas no saltan, rozan el suelo, están en un permanente dentro-fuera, viven en grácil armonía, de un modo absolutamente opuesto al del ser humano.

El muñeco ciertamente cae, es sólo caída, pero debido a la tracción de los hilos—explica Kleist—la fuerza que lo eleva es superior a la que lo reclama en tierra, por lo que se torna «antigrávido» (*antigrav*). En cambio, el ser humano cae grávidamente en cuerpo y gravemente en alma, en una mutua repercusión de conciencia y peso, consecuencia de pensar y pesar. Dos esferas de caídas que alejan al hombre del estado de «gracia». Y ese alejamiento, ese destino «des-graciado» del ser humano fascinó siempre a Kleist («La vida en sí es un combate con el destino» [*Das Leben selbst ist ein Kampf mit dem Schicksal*]). Una amplia efusión de metáforas en torno a rupturas, caídas y descentramientos se esparcen por toda su obra. Por eso tuvo a la marioneta y a la inocencia como lo contrario de esa «des-gracia» humana, aunque también le opuso la cálida entereza de los atletas. Ya en 1803, en su segunda pieza teatral, una peculiar versión de Romeo y Julieta titulada *Die Familie Schroffenstein*, apuntaba: «La ecuanimidad es virtud únicamente de los atletas. Nosotros, los humanos, caemos, y no por dinero, ni siquiera por espectáculo» (*Denn der Gleichmut ist die Tugend | Nur der Athleten. Wir, wir Menschen fallen | ja nicht für Geld, auch nicht zur Schau*).

Esa mismidad—o «entereza» (*der Gleichmut*)—, considerada como una especie de esfera holística generada por lo inexorable de la acción, y en especial de la resolución atlética, maravilló a Kleist al mismo nivel que la marioneta. Apenas tres días antes de que diera a luz «Sobre el teatro de marionetas», publicó (en sus *Berliner Abendblätter*) el breve pero trascendental texto titulado «Von der Überlegung» («Sobre la reflexión»), y subtitulado «Eine Paradoxe». Igual que en «Sobre el teatro», Kleist habla ahí mediante un narrador, y lo hace para enarbolar la figura de un luchador con el que nos intenta demostrar la inevitable fragilidad de toda reflexión y su efecto en la acción. Y en esa misma línea de consideración sobre el lugar del pensar se sitúa también su célebre «Sobre la paulatina elaboración de los pensamientos al hablar» («Über die allmähliche Verfertigung der Gedanken beim Reden»).

La idea básica es la misma: el hombre abandona su posición inicial de entereza, para caer (*fallen*) en el estado discordante de la conciencia. Lo peculiar del último Kleist es que la humanidad podría rehabilitar su estado original, pero no volviendo por el pórtico de donde habría partido, puesto que ese acceso le estaría definitivamente vetado. Ya que, a diferencia del calmoso guardián que Kafka nos presenta en su parábola *Ante la ley* (*Vor dem Gesetz*), el diligente querubín—en el texto de Kleist—acecha para que no volvamos a entrar: «El paraíso está cerrado a cal y canto y el querubín a nuestras espaldas» (*Das Paradies ist verriegelt und der Cherub hinter uns*). El verbo *verriegeln* proviene del latín *rēgula*, 'barra', 'listón', 'regla', y en alemán medieval ya significaba 'travesaño que bloquea una puerta', y a partir de ahí, 'cerrar a cal y canto'.

La imagen del querubín (*Cherub*)—presente en muchas de las obras de Kleist (por ejemplo y de manera especialmente importante, en *Das Käthchen von Heilbronn*)—es un equivalente asirio (y previo) del dios Jano. Tiene la apariencia de un minotauro alado de luengas y acicaladas barbas, y su nombre original es *Keruh*. Es el guardián sagrado de las puertas en la mitología babilónica, y una de sus representaciones más conocidas es precisamente la que se conserva en el Museo de Pérgamo de Berlín. Culturalmente modificada, aparece en el Génesis como una figura—alada y armada con una espada flamígera—que Dios sitúa al oriente del Jardín tras la expulsión de Adán y Eva; un guardián indefectible. Y Kleist alude a esa cualidad suya. Así que de ninguna manera se puede volver a entrar por ahí.

La única opción para recuperar la inocencia perdida sería en todo caso—según Kleist—seguir de frente, hacia el ocaso, en la misma dirección de la caída, hasta conseguir dar la vuelta entera, y ver si allá existe una puerta trasera. O, en palabras del propio Kleist, se trataría de volver a caer (*zurückfallen*), pero esta vez sin ningún tipo de torcedura, en el polo de la inocencia. La solución—como en las tragedias griegas—estaría por tanto en continuar la caída. Caer del todo. Caer para ascender. No sólo dar una vuelta, *strophé*, ni una contra-vuelta, *antistrophé*, sino una vuelta entera, una revuelta, un giro por abajo, *katastrophé*. Kleist, como Esquilo, considera inconcebible otra salida. «No existe en parte alguna salida sin desventura», se lee en *Las suplicantes*. Claro que Esquilo no escribe *desventura*, sino *catástrofe* (ἄνευ δὲ λύπης οὐδαμοῦ καταστροφή).

IX

Ein Blick: ein Faden mehr, der dich umspinnt.

Dies späte, späte Licht.
Ich weiß: die Fäden glänzen.

['Una mirada: un hilo más que te envuelve. || Esta tardía, tardía luz. | Lo sé: los hilos fulgen'].

PAUL CELAN, «Ich weiß»,
Von Schwelle zu Schwelle, 1953

Dieu est le point tangent de zéro et de l'infini.

['Dios es el punto de tangencia de cero y el infinito'].

ALFRED JARRY,
Gestes et opinions du docteur Faustroll

Paul de Man observó que, bajo el modelo de la geometría analítica, el texto de Kleist introduce la noción aritmética de *logaritmo* para poner de relieve la articulación entre la palabra (*lógos*) y lo numérico (*arithmós*), y por tanto empleándolo menos como procedimiento matemático que como espacio poético que desafía tanto la función puramente retórica del lenguaje como su consecuente antropocentrismo. Por su parte, en un hermoso ensayo sobre la «gracia» (*Grazie*) y sobre la «inocencia» (*Unschuld*) en Kleist, Hélène Cixous reconoce también el modelo de la geometría analítica en «Sobre el teatro de marionetas», aunque ella no se centra en el universo del logaritmo, sino en la relación analítica entre las líneas de refracción lumínica y la superficie de los espejos. Deleuze había observado ya la importancia de los diferentes tipos de líneas en Kleist, dentro de las cuales reconocía tres categorías principales: las *líneas abstractas*, que trasladan el centro de gravedad del muñeco; las *líneas curvas*, que tienen que ver con los gestos de la marioneta; y, finalmente, las *líneas de segmentaridad*, «que corresponden a los momentos de la historia representados por las evoluciones de la marioneta». Cixous, en cambio, se ocupa del acervo de líneas según su condición exclusivamente geométrica: rectas, curvas, asíntotas e hipérboles. Y al atenderlas en relación con los espejos, esas líneas—esos «hilos de luz»—se convierten en un *corpus* para acceder a una especie de *Innocentia more geometrico demonstrata*, aprovechando el especial interés de Kleist por las diferentes trayectorias de refracción en los espejos planos y en los espejos cóncavos, con el fin de destacar las distintas y hasta opuestas repercusiones que cada uno de ellos produce en la conciencia humana.

Como sucederá mucho después en Lacan, la imagen realista de los espejos planos también ocasiona en Kleist un estadio de conciencia. Un tipo de conciencia identitaria, ya que las imágenes en esos espejos son exactamente iguales a los objetos que reflejan, aunque mostrados en simetría opuesta. Y son iguales porque las líneas de refracción en la superficie especular son idénticos a los ángulos de su incidencia. Sin embargo, Kleist destaca los fatales efectos de esas imágenes. Porque lo que consiguen en realidad es separar al ser humano de la imagen de sí mismo, como le sucede—en su texto—al joven que percibe su reflejo en el momento en que pone su pie en un taburete para secárselo. Kleist niega toda unidad en la relación sujeto-imagen, ya que, en una suerte de giro perverso, será la imagen del chico la que termine por atraparlo a él, y al hacerlo, lo dividirá, provocando que a partir de ese momento el joven busque encontrar una representación unitaria de su cuerpo, cuando esa consonancia anhelada no es para entonces sino una fantasía «imaginaria». Tal es el destino de toda conciencia humana, nos vendrá a decir Kleist, que encuentra y traslada a la imagen una falsa unidad. Porque las imágenes no muestran lo que es, sino la ausencia de algo perdido, y cuanto más realistas sean ellas, por ejemplo las de esos espejos planos, más revelan una identidad ilusoria.

Por el contrario, los espejos cóncavos que se curvan hacia adentro y que parecen casquetes de una esfera ofrecen imágenes deformadas, debido a que las líneas de refracción en ellos son desiguales a los ángulos de su incidencia. Por eso, cuando los objetos se sitúen a distancia del espejo—por detrás de su radio de curvatura—, la imagen los muestra no sólo más pequeños de lo que son, sino también en posición invertida, es decir, bocabajo. Pero si esos objetos se acercan al espejo, y pasan a ubicarse entre el radio de curvatura y la superficie especular, sus imágenes se tornarán de inmediato boca arriba e indefectiblemente más grandes de lo que ellos son en realidad. Ahora bien, lo que especialmente le interesa a Kleist es el punto exacto en que esa metamorfosis sucede, que es el momento radial en el que la imagen sólo puede apreciarse fugazmente como intensidad lumínica de tono, o de color; el momento en que la imagen pierde toda forma, para convertirse sólo en luz colorida, esto es, el instante en el que la imagen *rompe el marco de visibilidad*, y ni el ojo ni el espejo—y menos aún la conciencia, o la imaginación—son capaces de captarla. Es un momento que la poética parece unida a la geometría, y ésta, que opera como geometría analítica, parece trasmutarse en geometría gnóstica o sacramental desde el momento en que la propia imagen impide cualquier tipo de visibilidad y de ocularcentrismo.

Desde la óptica geométrica, esa ruptura del marco de visibilidad se explica porque las líneas de luz reflejadas en los espejos cóncavos pasan exactamente por el foco de refracción y por el vértice de la superficie especular, y al viajar en paralelo unas respecto a otras, la imagen que producen termina formándose en lo infinito. La imagen misma se torna infinita. Real e ininteligible, absolutamente inabarcable, quebrantando todo tipo de captación y distinguiéndose acaso como mero brillo o como fulgor. Ahora bien, al cruzar esa delicada pero ilimitada membrana medial, la imagen vuelve a ser atrapada en el marco de lo visible, y en una posición inversa a la anterior. Lo que significa que únicamente al atravesar la puerta de lo infinito puede la imagen reaparecer en el umbral más próximo e inmediato de quien se refleja.

En esa especie de camino de Damasco geométrico se produce una conversión radical: de una pequeña figura que aparece bocabajo a una efigie de pie y de mayor dimensión que lo reflejado. Por eso Kleist lo equipara a la posibilidad de acceder—en el mundo restringido en el que vivimos—a una vía capaz de revertir el sentido de la caída, y es entonces cuando encontramos en su texto una especie de desenlace argumental:

... así como la intersección de dos líneas, a un lado de un punto, después de pasar por el infinito, reaparece de repente en el otro lado, o la imagen del espejo cóncavo, después de alejarse al infinito, se presenta de repente pegada a nosotros: así también, cuando el conocimiento ha pasado por un infinito, como quien dice, la gracia vuelve a hacer acto de presencia; de modo que comparece, al mismo tiempo, de la manera más pura en aquella constitución física humana que o bien no tiene ninguna, o bien tiene una conciencia infinita, es decir, en el títere o en Dios.

O cero conciencia, como la del muñeco articulado, o ilimitada, como la de Dios. Placidez de los extremos. El resto es trapecio.

X

Hay algo en la calma de los objetos que nos apela de manera inmediata, aunque su propia quietud es también la que nos lleva a desconsiderarlos, y la que—respecto a ellos—nos torna inactivos. Basta, sin embargo, que esos objetos giren, tiemblen o se zarandeen para que nuestra conciencia se crispe y se dispare en múltiples direcciones, lo mismo si lo hacen en su solitaria particularidad (un jarrón que se rompe) como si acontecen en su inabarcable variedad (un terremoto en Chile). Y, por supuesto, eso mismo sucede con el hilo, incluso de manera un poco más familiar, debido a que su presencia es ubicua. Le prestamos atención sólo si ondea, si vibra, si se rompe, si se resiste al enhebrarlo. Pero ocurre que, si al moverse el cordel, mueve a su vez a otro objeto—un trompo, un yoyó, una pequeña figura antropomórfica—, entonces aquél pasa a quedar en segundo plano, casi invisible en su evidencia, mientras que ese otro objeto—llamémosle «objeto secundario»—incentiva en nosotros una embriagada conciencia a su alrededor, como le sucede a aquel aturdido filósofo ante el giro de un trompo que nos presenta Kafka en uno de sus breves relatos de 1920—sin título, pero que Max Brod publicó posteriormente como «Der Kreisel» ('El trompo')—, un relato que, aunque bajo el sombreado perfil de una paradoja, tiene muchas resonancias con la marioneta de Kleist. En efecto, mientras esté activo, ese objeto «secundario» se convierte en *objectum* para el pensamiento, que, por su parte, inicia entonces una auténtica danza alrededor de aquél.

No puede sorprendernos, por tanto, que el texto de Kleist sobre los movimientos de la «simple» marioneta proporcione igualmente esa sensación expansiva, floreciente y multidimensional, ni que ello le confiera un correspondiente carácter formal. Como tampoco resulta extraño que esa proliferación desemboque en un texto que no sólo es dialógico, sino marcadamente polifónico, tanto en sus temas como en el modo en que se aproxima a ellos. Su propia estructura argumental comporta una gran versatilidad. Tan pronto inicia un interrogatorio o proporciona una revelación, da paso, como sin transición, a otra «fase», a otra actitud inquisitiva. Y sus procedimientos retóricos se despliegan del mismo modo caleidoscópico. Kleist ensaya una analogía para, a continuación, arriesgar una imagen o una alegoría, todo deprisa, sin peso, de forma «antigrávida» y de manera casi experimental. Como si el propio texto respondiera al ejercicio pendular de la marioneta y el hilo de su discurso, al de las manos del manipulador. Como si su único fin fuera sustraer su objeto temático, «desplazarlo» y «desplazarnos» con él. Sacarnos constantemente de donde nos coloca de manera similar al de las instalaciones de Forsythe con relación a sus visitantes. Pues si bien «Sobre el teatro de marionetas» posee una admirable unidad formal, se trata de una unidad fluida que hace que toda su efervescencia transforme la lectura en una tan intangible como elaborada coreografía. Y al final—en apenas unas cuantas páginas—el lector queda inmerso en una fermentación temática en torno a la gracia, a la conciencia, a Dios, al cuerpo, a las caídas, a los autómatas, a las líneas de ataque en la esgrima, a la danza, a la refracción en los espejos, a las marionetas, a la geometría.

Y aun así no deja de maravillarnos que «Sobre el teatro de marionetas» sea además una obra inclasificable: cuento, ensayo estético, reflexión moral, manifiesto romántico, diálogo filosófico (no socrático). Porque ésa es otra cosa que generosamente nos ofrece: su virtuosismo estilístico. Es un artefacto tan asombrosamente vivo, tan personal y pendular, tan diferente a todo lo que se escribía en aquel momento en la literatura occidental, que no es extraño que desconcertara a sus primeros lectores, y que sólo haya sido en los albores del siglo XX que comenzara a reconocerse toda su valía. Y ello en buena parte ocasionado por el cambio de perspectiva ofrecido por los estudios de Hanna Hellmann—principalmente en su extraordinario *Heinrich von Kleist: Darstellung des Problems* ('Heinrich von Kleist. Representación del problema'), de 1911—, quien consideró por primera vez que ese texto de Kleist no sólo era el más significativo y al mismo tiempo el más singular de su producción, sino—según ella—el que permite el mejor acceso a la dificultad de toda la obra del poeta. Lo cierto es que a partir de entonces «Sobre el teatro de marionetas» se ha ido convirtiendo en objeto de culto para las sucesivas generaciones de marionetistas, de bailarines, de poetas y pensadores..., ya que conserva aún hoy todo su desafío interrogatorio y toda su capacidad inspiradora. «Todo pende de un hilo», repetía constantemente Tadeusz Kantor, especialmente a partir de una de sus exposiciones producida en Italia, que exhibía esa sentencia como título de la misma: «*Tutto é appeso ad un filo*» ('Todo pende de un hilo'). Kleist nos lo muestra con impecable claridad en su texto, aunque en él se mencione el hilo sólo en dos ocasiones. Quizá porque tampoco requiera más para controlar el centro de gravedad de su argumento.

ESTA EDICIÓN, PRIMERA, DE
«SOBRE EL TEATRO DE MARIONETAS», DE
HEINRICH VON KLEIST, SE TERMINÓ
DE IMPRIMIR EN CAPELLADES
EN EL MES DE JUNIO
DEL AÑO
2025

Colección Cuadernos del Acantilado
Últimos títulos

26. GIORGIO VASARI *Miguel Ángel Buonarroti, florentino. (Texto de 1550)* (2 ediciones)
27. LEV TOLSTÓI *Confesión* (9 ediciones)
28. CHATEAUBRIAND *Amor y vejez* (3 ediciones)
29. LEONID ANDRÉYEV *Los espectros*
30. PÉTER HAJNÓCZY *La muerte salió cabalgando de Persia*
31. ANTOINE COMPAGNON *¿Para qué sirve la literatura?* (4 ediciones)
32. JOSEPH ROTH *Jefe de estación Fallmerayer* (3 ediciones)
33. STEFAN ZWEIG *Mendel el de los libros* (18 ediciones)
34. PÊRO VAZ DE CAMINHA *Carta del descubrimiento de Brasil*
35. STEFAN ZWEIG *Viaje al pasado* (8 ediciones)
36. LÁSZLÓ KRASZNAHORKAI *Ha llegado Isaías*
37. MARINA TSVIETÁIEVA *Mi Pushkin* (2 ediciones)
38. LEONID ANDRÉYEV *Las tinieblas*
39. NATALIA GINZBURG *Serena Cruz o la verdadera justicia*
40. STEFAN ZWEIG *¿Fue él?* (4 ediciones)
41. LEV TOLSTÓI *La tormenta de nieve* (5 ediciones)
42. EÇA DE QUEIRÓS *Las rosas*
43. VICTOR KLEMPERER *Literatura universal y literatura europea*
44. WILLIAM SAROYAN *El tigre de Tracy*
45. CHATEAUBRIAND *De Buonaparte y de los Borbones*
46. STEFAN ZWEIG *Los milagros de la vida* (8 ediciones)

47. STEFAN ZWEIG *Las hermanas. «Conte drolatique»* (4 ediciones)
48. SIMON LEYS *Los náufragos del «Batavia». Anatomía de una masacre* (6 ediciones)
49. LEV TOLSTÓI *La felicidad conyugal* (10 ediciones)
50. SIMON LEYS *Con Stendhal*
51. MAX BEERBOHM *El farsante feliz. Un cuento de hadas para hombres cansados*
52. FRANCK MAUBERT *El olor a sangre humana no se me quita de los ojos. Conversaciones con Francis Bacon* (3 ediciones)
53. MARINA TSVIETÁIEVA *Mi madre y la música* (4 ediciones)
54. LISA RANDALL *El descubrimiento del Higgs. Una partícula muy especial* (3 ediciones)
55. SŁAWOMIR MROŻEK *La vida para principiantes. Un diccionario intemporal*
56. DANIEL-HENRY KAHNWEILER *El camino hacia el cubismo*
57. JAUME VALLCORBA *De la primavera al Paraíso. El amor, de los trovadores a Dante* (2 ediciones)
58. LUCIO ANNEO SÉNECA *Sobre la brevedad de la vida, el ocio y la felicidad* (10 ediciones)
59. DOLORES PAYÁS *Drink Time! (En compañía de Patrick Leigh Fermor)*
60. JOSEPH ROTH *El Leviatán* (4 ediciones)
61. ALFRED BRENDEL *De la A a la Z de un pianista. Un libro para amantes del piano* (5 ediciones)
62. ALEXANDR PUSHKIN *El prisionero del Cáucaso*
63. LONGINO *De lo sublime* (3 ediciones)
64. BÉLA HAMVAS *La filosofía del vino* (7 ediciones)

65. OSCAR WILDE *La decadencia de la mentira. Un comentario* (3 ediciones)
66. OSCAR WILDE *El crimen de Lord Arthur Savile. Una reflexión sobre el deber*
67. JOSEPH ROTH *Abril. Historia de un amor* (3 ediciones)
68. SANTA PERPETUA *Pasión de las santas Perpetua y Felicidad*
69. STEFAN ZWEIG *Una historia crepuscular* (3 ediciones)
70. FRANCK MAUBERT *La última modelo*
71. PLUTARCO *Vidas de Alejandro y César*
72. PASCAL BRUCKNER *El vértigo de Babel. Cosmopolitismo o globalización*
73. JUAN ANTONIO MASOLIVER RÓDENAS *La inocencia lesionada*
74. LEV TOLSTÓI *Después del baile* (2 ediciones)
75. RAFAEL ARGULLOL *Tratado erótico-teológico. Un relato*
76. *Así era Lev Tolstói (I)*
77. ADAM ZAGAJEWSKI *Releer a Rilke* (2 ediciones)
78. EUGENIO TRÍAS *Thomas Mann*
79. RAMÓN ANDRÉS *Claudio Monteverdi. «Lamento della Ninfa»*
80. SHAFTESBURY *Carta sobre el entusiasmo & «Sensus communis». Ensayo sobre la libertad de ingenio y el humor*
81. MARIO SATZ *Pequeños paraísos. El espíritu de los jardines* (6 ediciones)
82. JOSEPH ROTH *Fresas*
83. *Así era Lev Tolstói (II)*
84. GIACOMO LEOPARDI *Recuerdos del primer amor*

85. STEFAN ZWEIG *Miedo* (11 ediciones)
86. NATALIA GINZBURG *Me casé por alegría* (2 ediciones)
87. ÉTIENNE BARILIER *El vértigo de la fuerza*
88. SIMON LEYS *La muerte de Napoleón*
89. GUIDO CERONETTI *Los pensamientos del té*
90. LEV TOLSTÓI *La historia de un caballo* (2 ediciones)
91. FRANZ KAFKA *«La condena» y «El fogonero»*
92. FRANCK MAUBERT *El hombre que camina* (2 ediciones)
93. RAFAEL ARGULLOL *El enigma de Lea. Cuento mítico para una ópera*
94. STEFAN ZWEIG *Américo Vespucio. Relato de un error histórico* (6 ediciones)
95. MARIO SATZ *El alfabeto alado* (2 ediciones)
96. FRANZ KAFKA *En la colonia penitenciaria* (2 ediciones)
97. NATHALIE LÉGER *La exposición*
98. MAX BEERBOHM *Enoch Soames*
99. A. G. PORTA *Me llamo Vila-Matas, como todo el mundo*
100. BOECIO *Consuelo de la filosofía* (5 ediciones)
101. STEFAN ZWEIG *Una boda en Lyon. Y otros relatos* (3 ediciones)
102. ERASMO DE RÓTERDAM *Lamento de la paz*
103. PETER STAMM *Marcia de Vermont. Cuento de invierno*
104. W. H. AUDEN *Elogio de la piedra caliza*
105. MARINA TSVIETÁIEVA *Mi padre y su museo* (2 ediciones)
106. LEV TOLSTÓI *La mañana de un terrateniente*
107. MARIO SATZ *Bibliotecas imaginarias* (2 ediciones)
108. TAMARA DJERMANOVIC *El universo de Dostoievski* (2 ediciones)
109. *Así era Lev Tolstói (III). Tolstói y la música*
110. RAFAEL MONEO *Sobre Ronchamp*

111. A. G. PORTA *Persecución y asesinato del rey de los ratones representada por el coro de las cloacas bajo la dirección de un escritor fracasado*

112. FRANCESCO PETRARCA *Remedios para la vida* (3 ediciones)

113. ARTHUR SCHOPENHAUER *El arte de tener razón. Expuesto en 38 estratagemas* (4 ediciones)

114. JEAN-PHILIPPE POSTEL *El affaire Arnolfini. Investigación sobre un cuadro de Van Eyck* (6 ediciones)

115. NUCCIO ORDINE *George Steiner, el huésped incómodo. Entrevista póstuma y otras conversaciones*

116. YANNIS RITSOS *Sueño de un mediodía de verano*

117. STEFAN ZWEIG *Verlaine*

118. NATALIA GINZBURG *Valentino* (2 ediciones)

119. LEV TOLSTÓI *«Lucerna» y «Albert»* (2 ediciones)

120. MARÍA NEGRONI *La idea natural* (3 ediciones)

121. STEFAN ZWEIG *«Obligación impuesta» y «Wondrak»* (2 ediciones)

122. MARIO SATZ *El rostro y sus máscaras. Variaciones y constancias*

123. FRANZ KAFKA *Un médico rural. Pequeños relatos* (2 ediciones)

124. JOSEPH ROTH *La leyenda del santo bebedor*

125. ARISTÓTELES *Sobre la amistad. Libros VIII-IX de «Ética a Nicómaco»*

126. GIOVANNI BOCCACCIO *Breve elogio de Dante*

127. MARINA TSVIETÁIEVA *El diablo*

128. RAFAEL ARGULLOL *El «Quattrocento». Arte y cultura del Renacimiento italiano*